LES PENSÉES

DU MÊME AUTEUR

Adieu, Monsieur Léautaud, 1972.
Le Petit Perret illustré par l'exemple, 1982 (Plon).
Le Petit Perret gourmand, 1987 (Plon).
Laissez chanter le Petit, 1989.
Le Petit Perret des fables nos 1-2-3, 1990-1991-1992.
Chansons de toute une vie, 1993 (Plon).
Les Grandes Pointures de l'Histoire, 1993 (Plon).
Jurons, gros mots et autres noms d'oiseaux, 1994 (Plon).
Anthologie de la poésie érotique, 1995 (Nil).
La Cuisine de ma femme, 1996 (Plon).

PIERRE PERRET

Les Pensées

COLLECTION « LES PENSÉES »
DIRIGÉE PAR
ARNAUD HOFMARCHER

le cherche midi éditeur
23, rue du Cherche-Midi, 75006 Paris

DANS LA MÊME COLLECTION

Les Pensées d'Alphonse Allais

Les Pensées de José Artur

Les Pensées d'Yvan Audouard

Les Pensées de Tristan Bernard

Pensées, répliques et anecdotes de Francis Blanche

Les Pensées des Boulevardiers : Alphonse Karr, Aurélien Scholl, Georges Feydeau, Cami

Les Pensées de Philippe Bouvard

Les Pensées d'Alfred Capus

Les Pensées de Cavanna

Pensées et anecdotes de Coluche dessins de Cabu, Gébé, Gotlib, Reiser

Les Pensées de Courteline

Les Pensées de Pierre Dac

Pensées et anecdotes de Dali

Les Pensées de San-Antonio de Frédéric Dard

Les Pensées de Jean Dutourd

Les Pensées de Gustave Flaubert, suivies du *Dictionnaire des idées reçues*

Les Pensées d'Anatole France

Les Pensées d'André Frossard

Les Pensées, répliques et anecdotes de De Gaulle choisies par Marcel Jullian

Pensées, maximes et anecdotes de Sacha Guitry

Pensées, répliques et anecdotes des Marx Brothers

Les Pensées de Jules Renard

Les Pensées de Rivarol

Les Pensées de Bernard Shaw

Pense-bêtes de Topor illustré par lui même

Les Pensées de Wolinski illustrées par lui-même

Et si il n'en reste qu'un ce ne sera pas moi !

Portraits, métaphores, surréalisme, etc.

Il était fragile comme une biscotte dans les mains d'un étrangleur.

*

Sa taille est plus mince que la retraite des vieux.

*

Celui qui parle à cœur ouvert est souvent invité à fermer sa gueule.

*

Trop parler nuit. Le jour aussi d'ailleurs.

*

Il est givré comme un sorbet au calva.

*

Les caisses de l'État sont aussi vides que les bourses à don Juan à la sortie d'une boîte de Saint-Trop' !

*

Son compte en banque est bourré comme un Teuton qui a passé la nuit à la fête de la bière.

*

Il était jaloux comme un ruban adhésif !

*

Il était plus viril qu'un étalon qui a sifflé une fiole de Tabasco.

*

Il était stérile comme une pompe à incendie dans le désert des Tartares, bandant comme un calvaire breton et aussi poilar que la porteuse de pain.

*

On a souvent besoin d'un plus petit que soi pour lui casser la gueule.

*

Avec son entourage, il était susceptible et méfiant comme un bœuf qui passe devant une boucherie.

*

Il est fier comme un paon qui vient d'enfiler un costard neuf.

*

Il était beurré comme un plat de moules au gratin.

*

Il est aussi sûr de lui qu'un lapin dans la cage d'un tigre.

*

Il avait la particularité d'être chiant comme la fumée et constipé comme un portefeuille d'Écossais.

*

Il avait la face plus ridée que la mer un jour de tempête.

*

Il est gai comme un mec de cent piges qui vient de signer une rente viagère.

*

Elle était restée une âme simple. Elle avait un fou rire d'un quart d'heure quand sa jument pétait.

*

Elle était frigide comme une sorbetière et plus têtue qu'un mulet breton.

*

Il aimait jouer à saute-mouton avec les eunuques. Eux au moins ne le décoiffaient pas en passant.

*

Il apprit comment passer la journée à cheval sans marcher ensuite comme un qui a fait l'exode sur une citerne.

*

Elle m'a allumé comme le phare d'Ouessant !

*

Elle ne se déplaçait qu'en litière portée à dos d'hommes. Les hommes ont parfois bon dos.

*

Il a été viré comme un témoin de Jéhovah à la porte d'une institution catholique.

*

Il avait des lèvres minces et serrées comme des cuisses de dévotes.

*

Il était radin comme un écureuil.

*

Il faut qu'un type soit malade pour courir deux lièvres à la fois ! Deux gonzesses à la rigueur...

*

Il voulait avoir le beurre, l'argent du beurre, et le cul de la fermière !

*

Il y a le moins que rien, le propre à rien, le bon à rien ou le rien du tout, qui ne sont en fait que des pas grand-chose.

*

L'appétit vient en mangeant les économies d'un autre.

*

L'avocat, c'est bon, et le marron délicieux. Hélas, l'association des deux... !

*

L'excitation qu'il ressentait transformait sa chasuble en voile de goélette.

*

L'homme qui fuit la varicelle chope souvent le choléra. Pourquoi pas rester dans tes bras ?

*

La critique est aisée et ma sœur baise avec qui elle veut.

*

La nuit porte conseil et ma femme du Shalimar.

*

Les petits oiseaux entretiennent les saletés.

*

Les amis de mes amis sont toujours des cons.

*

A chaque jour suffit sa peine à jouir, comme disait Abélard.

*

Comme on connaît ses seins, on les arbore.

*

Mieux vaut tard chez Régine que tôt à l'usine !

*

Méfiance est mère de Sûreté nationale !

*

Quand on est jeune, il vaut mieux être appelé à faire une grande carrière que par sa mère pour éplucher des patates.

*

Il vaut mieux avoir plusieurs cordes à son arc qu'un cheveu sur la langue.

*

La ville fut rasée comme une poitrine de pâtre grec.

*

Le boa avait agrafé le lapin en moins de temps qu'il n'en faut à un percepteur pour te piquer ton oseille.

*

Le jour où l'on veut changer son cheval borgne contre un aveugle, faut vraiment aller chez le psychiatre.

*

Le mari et la femme étaient soudés comme les parois d'une centrale nucléaire.

*

Le type qui veut être en même temps au four et au moulin doit vachement aimer les gâteaux !

*

Les absents ont toujours tort d'avoir cru que leur femme était frigide.

*

Les enfants aimaient leur père comme ils pouvaient aimer un cornichon dans leur bol de corn flakes.

*

Paris n'a pas été fait en un jour... ni la vaisselle de ma femme !

*

Pauvreté n'est pas vice. Et c'est bien dommage... ça serait plus marrant !

*

Pendant qu'on tient quelqu'un le bec dans l'eau, au moins on n'écoute pas ses conneries.

*

Perdre un ticket de tiercé gagnant n'est pas grave... surtout s'il n'est pas à vous.

*

Prends le taureau par les cornes et ta femme avec des pincettes !

*

Quand je lui ai dit : « Je donne ma langue au chat », elle m'a répondu, en se déshabillant : « On n'est jamais si bien servi que par soi-même... »

*

Quand on n'a pas ce que l'on aime, il faut aimer ce que les autres n'ont pas voulu.

*

Qui sème des gnons récoltera toujours des dents.

*

Il vaut mieux sabler le champagne à Cayenne que casser des cailloux à Épernay.

*

Il vaut mieux avoir l'œil américain que des lunettes double foyer achetées à tempérament.

*

Celui qui écoute ne risque pas de se mordre la langue.

*

Quand on a un poil dans la main et des fourmis dans les jambes, il vaut mieux changer son fusil d'épaule.

*

Qui vole un œuf se fout pas mal de son taux de cholestérol.

*

Rien de plus con qu'un arbre qui offre son ombre au bûcheron !

*

Sa petite taille l'inquiétait un peu. Il était obligé de monter sur un tabouret pour cueillir des tomates et ça l'énervait beaucoup.

*

Oh ! elle est partie
Avec ce type qui est grand comme une poignée de valise
Il est si petit
Quand il s'assied les dents du haut lui rentrent dans les cuisses.

*

Ses succès n'ont guère plus de résonance qu'un pet de souris dans une meule de gruyère.

*

Si les puces avaient des chiens, pourraient-elles encore sauter ?

*

Tant de gens se réclament de Dieu, ce qui laisse à penser que ce type-là a dû avoir une moralité en béton et un casier judiciaire à toute épreuve.

*

Tant va la cruche à l'eau qu'à la fin on se met à aimer le Bordeaux.

*

Tout vient à point, sauf le steak de ma femme qui est toujours trop cuit.

*

Il n'y a point de roses sans épines, ni d'ailleurs de pines qui ne soient roses...

*

Elle avait fait l'exode sur une barrique
Elle marchait comme un jockey au trot
L'avait plus qu'un croc dans la boutique
De quoi poinçonner son ticket d' métro.

*

Il picole comme un radiateur de jeep dans le désert africain.

*

Il vaut mieux discuter à bâtons rompus qu'avec des cons en pleine forme.

*

Il vient d'enterrer sa quatrième femme. Il doit être abonné au Père-Lachaise !

*

Les Grecs disaient : « Mieux vaut pipe sous nappe que rire sous cape. »

*

Le charbonnier est maître chez soi, mais sa femme veut plus le savonner.

*

Qui va à la chasse aura des crises de goutte...

*

Si on ne réveille pas le chat qui dort, alors on baise quand ?

*

Chacun voit midi à sa porte... et les trous dans les chaussettes du voisin.

*

C'est parce qu'il manquait de chou qu'il n'a pas su ménager sa chèvre.

*

Quand on tire le diable par la queue et qu'on prend ses jambes à son cou, on ne peut que se faire un tour de reins.

*

J'aime incontestablement mieux avoir affaire à ses seins qu'à Dieu, y a pas photo !

*

Qui paye ses dettes n'a vraiment pas autre chose à foutre !

*

Mouche ton nez, dis bonjour à la dame et rends-lui sa culotte tout de suite.

*

Il nous a dit à mots couverts que, avec elle, il s'était mis dans de beaux draps, mais que c'est en train de s'arranger, parce que, finalement, les extrêmes se touchent...

*

Il a essayé de lui bourrer le mou, mais elle a trouvé ça dur à avaler.

*

Quand elle a vu ma petite aiguille qui marquait midi, elle a dit : « J'en ferais bien mon quatre heures. »

*

Il s'est donné un mal de chien pour caresser son chat.

*

Il prenait son mal en patience parce qu'elle avait des biens au soleil.

*

C'est parce qu'elle avait une main de fer dans un gant de velours qu'elle se faisait des couilles en or.

*

Comme elle parlait pour ne rien dire, il lui en a touché un mot.

*

Son patron lui a mis le pied au cul parce qu'il ne mettait pas la main à la pâte.

*

Il l'avait prise parce qu'elle pétait dans la soie mais il ne savait pas qu'elle chierait dans la colle !

*

Il n'osa pas lui demander une trompette à la neige, vu qu'elle parlait toujours entre ses dents...

*

Comme elle avait mis de l'eau dans son vin, il lui avait mis une paire de baffes.

*

Il a une échelle de pompiers en guise de poitrine, posée sur deux jambes de flamant rose, poilues comme des aiguilles à tricoter.

*

Il est plus fébrile qu'une belette dans un élevage de poussins.

*

C'est plus qu'évident elle a une jolie fraise
Malheureusement elle marche entre parenthèses
Elle peut passer gaiement dans un champ de chardons
Elle risque pas de se piquer les molletons.

*

Il est humble et effacé comme un cafard sous une moquette.

*

Il est fragile comme un œuf à la coque dans la paluche d'un manifestant.

*

Il peut jongler avec trois balles à la fois tout en égrenant son chapelet.

*

Elle avait plus de gazon sous le chapeau
Des narines aussi grosses que mon pouce
Quand je l'embrassais j'y voyais le cerveau.

*

Il a grimpé dans mon estime comme le thermomètre au cul d'un dragon.

*

Il se balade comme une cocotte en papier sur le bureau d'un P-DG.

*

Il devait bien mesurer 1,60 mètre avec deux bottins sous les pieds.

*

Il était chauve comme un piano à queue.

*

Il n'avait qu'un seul cheveu. Sur la langue.

*

Le docteur dit en me collant l'oreille sur le coffre-fort
Cramponnez bien la rampe vous avez plus d'huile dans les ressorts
Vous avez le foie plus engorgé qu'un trou d'évier de pension
Et des toiles d'araignée un peu partout dans les poumons
Sûrement que dans l'whisky vous mélangez pas beaucoup d'eau
Pour avoir le tarbouif plus rouge que les pensées de Mao
Ça n'est plus qu'une purée de navet qui coule dans vos veines
C'est plus un estomac que vous avez, c'est un capot de Volkswagen.

*

Il transpire en permanence comme un perceur de coffre-fort.

*

Hormis ses enfants, il ne termina jamais ce qu'il avait commencé.

*

Il avait un grand respect de la morale et passait son temps à zigouiller ceux qui, à son avis, en étaient dépourvus.

*

Le soir il se grattait la tête en regardant les nuages. Il pensait qu'il en sortirait peut-être quelque chose, mais il n'en sortit rien, hormis quelques pellicules.

*

Elle a usé dans sa vie plus de draps que de chaussures.

*

Il était fébrile comme un ver de terre dans un bocal de piranhas.

*

Y en a qui se tirent à Monaco
Sans fermer les robicots
Quand y retrouvent leur salle de bain
Y a de quoi baptiser une armée de païens.

*

Il était tellement gras qu'il transpirait comme un gigot à la broche.

*

Il demanda les pleins pouvoirs, afin d'obtenir au bureau ce qu'il n'avait pas à la maison.

*

Il est plus stérile qu'une banane flambée.

*

Sa parole était d'or, mais il avait une haleine à flinguer les mouches au vol. Ses interlocuteurs se tenaient toujours scrupuleusement à trois pas de lui. Il prenait ça pour du respect.

*

Il est plus déprimé qu'un diabétique devant un plat de crêpes Suzette.

*

Il est émotif comme une poire à douche.

*

Il a un dossier d'accusation noir comme un mur de chiottes de caserne.

*

Il avait tellement bu qu'il était déchiré comme un drap de pauvre.

*

Il devint blanc comme un casier de nouveau-né.

*

Il est beurré comme un p'tit Lu !

*

Il est con à manger de la choucroute sans boire !

*

Il est plutôt crade. Tu as vu ses oreilles ? De vraies trompettes-de-la-mort !

*

Il est tellement radin qu'il mâche encore le samedi son chewing-gum du lundi !

*

Elle m'a sauté aux yeux un soir au cinéma
Avec son décolleté tout en lolorama
Pour la question mirettes elle était plutôt chouette
Mais du côté cerveau un vrai mou de veau.

*

Il était adjudant et sûr de lui, sachant pertinemment que la connerie faisait partie de sa famille et qu'il était de son devoir de la défendre !

*

Il était beurré comme une tartine de milliardaire !

*

Il faisait un soleil à vous dégeler un garde des Sceaux !

*

Il s'enfonça en elle comme une mouillette dans un œuf coque.

*

Les gracieuses postières derrière leurs guichets ont le sourire accueillant des gardiens de Fleury-Mérogis.

*

Il est sec et plus jaune qu'une cosse de haricot à la fin août.

*

Attila était tellement cabossé et couturé de partout qu'il ressemblait à un filet de pêcheur. Son épouse lui faisait répéter trois fois son nom avant de le laisser pénétrer dans le salon.

*

Matin et soir elle priait à s'en faire péter les rotules.

*

Il était jaloux comme un trou de serrure.

*

Il était propre comme un bidet du *George V*.

*

Il s'est précipité sur elle comme un chômeur sur un matelas.

*

Il morfla en plein cœur une flèche à pointe quartz effilée double zéro, qui lui stoppa illico une récente poussée de cholestérol.

*

Il est impatient. C'est le genre à tirer la chasse d'eau avant d'avoir fini de faire pipi.

*

Il glissa quelque chose à l'oreille de la fille du jardinier qui la fit rougir et autre chose ailleurs qui lui fit arrondir le ventre.

*

Il ne change pas souvent d'idées, car il en a pas des masses.

*

Quand elle parle on dirait que son sexe se racle la gorge.

*

Il se sentait plus perdu qu'une bonne sœur dans les toilettes des hommes.

*

Le camp se vida comme les caisses d'un chef d'État africain qui vient de toucher l'aide aux pays sous-développés.

*

Les survivants se dévorèrent un peu entre eux, mais sans haine, juste pour tromper l'appétit.

*

J'aime boire un fond de culotte. C'est une Suze-Cassis... car le fond de culotte ne s'use qu'assis.

*

Il était teigneux comme une couvée de poux dans la tête d'un manchot des deux bras.

*

Quoi de plus sympa qu'un œuf
C'est l'dîner rêvé d'un veuf
Il peut se faire une omelette
Ou un p'tit œuf en meurette
Et pour un coureur cycliste
L'œuf mollet vous trace la piste
Mais pour les gens pressés l'idéal
C'est de prendre un œuf à cheval.

*

Il ronfle discrètement comme un moulin de Rolls !

*

Perdre sa respiration n'est pas grave... surtout si c'est au moment de recevoir l'absolution.

*

Perdre les clefs de son appartement n'est pas dramatique... si en plus vous avez perdu l'adresse.

*

Posant sa matraque, soudain il se mit à pleurer,
Il me dit : « Jésus Marie,
Que faire pour être aimé ? »

*

Oublier de respirer reste la seule distraction fatale.

*

Le futur gynécologue qui vient d'échouer à son examen savait pourtant sa leçon sur le bout du doigt.

*

C'est généralement ceux qui ont le nez creux qui trouvent que l'argent n'a pas d'odeur.

*

Glisser une peau de banane sous les grolles de quelqu'un qui retombe sur ses pattes est aussi dégueulasse que de casser du sucre sur le dos d'un diabétique.

*

Le chef d'un pays qui se met « dans tous ses états » ne peut qu'être loué pour son inlassable omniprésence.

*

Il est moins rare que paradoxal de se retrouver le bec dans l'eau quand on va prêcher dans le désert.

*

Mieux vaut partir sans demander son reste que de rester en se demandant à quelle heure on va pouvoir partir.

*

Quand on a du fil à retordre, c'est qu'il a été mal tordu la première fois.

*

Le type qui ronge son frein et qui descend le col du Tourmalet ne sait pas ce qui l'attend.

*

Au service militaire, quand le major vous parle d'hygiène, on aperçoit ses crocs plus noirs que la conscience d'un imprésario.

*

Il est gai comme une tumeur dans un bocal.

*

Il fut enfermé dans un cachot où le robinet de son lavabo fuyait. Il pensait que ce robinet avait bien de la chance.

*

C'était un jeune homme timide comme un catcheur dans un couvent de nonnettes.

*

Il fait comme l'hirondelle : il gagne sa vie en volant.

*

A côté de son pedigree, la Bible avait l'air d'un menu du buffet de la gare.

*

A près de soixante-dix balais, il se demandait s'il avait pas fait une connerie d'épouser cette dévoreuse qui se lassait jamais de mettre la clé dans la serrure.

*

« Ah ! ces blue-jeans, c'est pas un cadeau », dit-elle en pédalant sur le dos.

*

Il est tordu comme un bretzel et il a un pif à rendre jalouse une aubergine.

*

Il était brillantiné comme un piston de Cadillac.

*

Il était émotif comme un soldat de plomb.

*

Au meeting du Front National, les jus de réglisse rasaient les murs.

*

C'était un grand seccos avec du poil partout et deux petits yeux rapprochés qui se croisaient les bras.

*

Je vois par exemple ma sœur
Elle bat le beurre
Ma mère qui n'aime pas le beurre
Bat ma sœur.

*

Elle était fringuée comme un œuf dur sur un comptoir.

*

Comme elle était plus pucelle que Jeanne d'Arc, il avait eu un mal de chien à pénétrer dans la salle des fêtes.

*

Elle gardait les moutons sous le lit de ses patrons.

*

Elle m'embrasse avec sa langue dure comme un crochet de boucher !

*

Elle vint sur mes genoux tel un ascenseur fou pour subir les derniers outrages.

*

Vaut mieux ça qu'un œil de verre dans les cerises à l'eau-de-vie !

*

Elle avait des seins alpinistes qui grimpaient jusqu'en bas de ses oreilles.

*

Do Ré Mi Do Ré Mi
Fais DoDo Rémi
Dans ton Do Mi Si La Do Ré
Do Ré Mi Fa Sol La Si Do.

*

Il est excité comme un pingouin dans un sauna.

*

Il avait l'air gai comme une tumeur sur un polype.

*

Il avait la tête d'un Écossais pris dans une quête pour le cancer.

*

Il est fiévreux comme un vampire à la Villette.

*

C'est en forgeant qu'on devient vachement fatigué.

*

C'est un mec qui ignore le doute, il a toujours les oreilles face à la route.

*

L'intérieur mal pavé il était pas aidé
Il devait se laver les crocs au roquefort Société.

*

Il neigeait fort dans sa tignasse, ses pellicules tombaient sur son veston.

*

Il est chauve comme une petite cuillère.

*

Elle est débauchée comme une bascule.

*

Avec cette nana épaisse comme une fourchette
T'auras intérêt à faire gaffe aux arêtes.

*

Sois prudent, prends bien garde au fromage
Son camembert a eu le retour d'âge
Avant de l'approcher je te jure que t'hésites
Ou alors c'est que t'as de la sinusite.

*

Il était myope comme un thermomètre.

*

Autour de ses cent vingt kilos de graisse pure
Sa mini-jupe a l'air d'une ceinture.

*

Il a pas de bol dans la vie : c'est le genre de type qui ferait naufrage dans un bateau chargé de crucifix.

*

Il est couvert de pustules, de vermines et schlingue à faire pâlir un coyote.

*

Il est plus mort que le regard d'un académicien.

*

Bien qu'elle fût légèrement fluette
Elle n'avait rien d'une allumette
Comme celles qui prennent un bain de pieds
Dans une pompe à bicyclette.

*

Je me sens plus bas qu'un taux de Caisse d'Épargne.

*

Il se tenait droit comme une jambe de chien et il avait un pif qui tenait plus du topinambour que du radis rose.

*

Il est aussi froid que des balloches d'Esquimau dans le blizzard de l'Alaska.

*

Je pique des rognes violentes quand un triste maigriot qui vient loucher sur mon ventre me demande si c'est pour bientôt !

*

Il avait des sourcils broussailleux et longs comme des lacets de chaussures.

*

Il avait deux cordes à son arc, plus un sexe vachement impressionnant.

*

Il construisit lui-même son bûcher. Il faut dire que c'était un sacré allumé !

*

Comme j'en étais là de mes réflexions
C'est tout un couvent qui fit irruption
Criant c'est pas sûr qu'au Seigneur ça plaise
Si vous gardez seul toute cette braise
Je leur dis mes biches vous cassez pas le tronc
Je ne suis pas un fan de votre patron
Mais en guise de régime pénitentiel
Je veux bien avec vous m'envoyer au ciel.

*

La star, qui en était à son sixième ravalement, pouvait plus sucer une pince de crabe, tellement ça lui tirait sur les cloisons...

*

La ville était plus encerclée qu'une fourmi sous une bouse de vache.

*

Le chanteur de rock avait rallégé à l'hôtel avec une trentaine de pétasses carrossées comme des Maserati. Dans le couloir, à la porte de sa chambre, elles faisaient la queue en attendant de s'occuper de la sienne.

*

Le métro : En plein hiver sur le quai de l'hôtel de ville, c'est comme juillet au Lavandou. Aux heures de pointe ça rouspète, on s'y comprime les côtelettes, on t'écrabouille les orteils mais t'as pas de coups de soleil.

*

Le témoin à charge aurait pas convaincu un Zoulou qu'il était foncé !

*

Mon cœur a bondi tel un dentier sur une côtelette.

*

Ne ressemblant pas à son papa, qui en possédait une énorme et terrifiante aux yeux des dames, l'enfant n'avait pas de barbe.

*

Il était flatté comme une poule qui a couvé un perroquet.

*

Il était mystique comme un boisseau de punaises !

*

Docteur quand je m'ennuie je fume
Quand je fume je tousse
Quand je tousse je crache
Quand je crache j'ai soif
Docteur quand j'ai soif je bois
Mais j'ai peur que ça devienne une coutume
Alors je fume.

*

A défaut de château, sa mère lui légua sa fierté. Il avoua un jour qu'il aurait préféré le château.

*

A force de faire la lèche à ses patrons, il avait la langue râpeuse.

*

Bien mal acquis ne profite jamais à celui qui n'était pas dans la combine.

*

Bien qu'on ne soit jamais si bien servi que par soi-même, elle ne se mouchait pas du pied !

*

Ça doit tout de même embêter les gens de droite de passer l'arme à gauche.

*

Il était païen comme un plat de couscous.

*

Il était plus humble qu'une crotte de souris dans la poche d'un clodo.

*

C'est le printemps
Y a la tour Eiffel qui s'emballe
Qui se penche sur le trou des halles
Pour lui faire un jardin d'enfants.

*

Celui qui dit ce qu'il pense ne sera jamais bon qu'à ramasser des papiers gras.

*

Elle a des gambettes comme un fil à couper le roquefort.

*

Elle a glissé tout doucement dans le vice, comme un pet de bonne sœur sur un vitrail de cathédrale !

*

Elle avait la tête près du bonnet et le cul entre de bonnes mains.

*

On l'avait surnommé le bègue à cause des trois coups d'affilée qu'il pouvait donner aux femmes en moins d'une plombe. Il disait : « Jamais deux sans trois : un coup dans le parlant, un coup dans le muet, un coup dans le sonore ! »

*

On va voir des films d'épouvante qui nous les filent à gla-gla et on sort de là plus délabrés que la brosse à dents de Dracula.

*

Sur mon berceau les fées se penchaient pas beaucoup et chaque fois que je tombais dans un carré d'orties, il y avait une guêpe qui me piquait dans le cou.

*

Il s'est mis à crier comme un qui les a prises dans le tiroir du buffet !

*

Il a une gueule à commander de la moutarde avec du foie gras.

*

Elle faisait baver les hommes comme trente-six crapauds devant une tarte aux moustiques !

*

Il était aussi mort qu'on peut l'être quand on ne respire plus depuis la veille.

*

C'est le Printemps,
Cendrillon rêve d'avoir un Jules
Qui puisse comme cette foutue pendule
Tirer ses douze coups en suivant.

*

Il est romantique comme une balance de charcutier.

*

Il a plutôt l'air d'une virgule dans *Les Misérables* que d'un trait d'union dans *L'Amant de Lady Chatterley*.

*

C'était un journaliste qui ne s'était jamais distingué qu'à l'article de la mort.

*

Il demeura aussi introuvable qu'un gauchiste à l'Académie française.

*

Elle avait les seins durs comme un avocat général.

*

Il se sentait abandonné comme un croûton dans la poche d'un curé de campagne.

*

Il avait la conscience chargée comme le Radeau de la Méduse.

*

Il a les ongles aussi propres que la conscience d'un général.

*

Il vaut mieux être riche et cruel que pauvre et charitable, sinon personne ne parle de vous !

*

Il faut toujours battre son père pendant qu'il est chaud.

*

Avant de parler, il faut tourner sept fois sa langue dans la bouche de sa voisine.

*

Quand Bruno fait le menu et le sert
T'as les premières douleurs au dessert
L'estomac à genoux qui demande pardon
Les boyaux qui tricotent des napperons
Les rotules de grand-mère c'est du beurre
A côté du bifteck pommes vapeur
Si avant d'entrer y te reste une molaire
Un conseil tu la laisses au vestiaire.

*

Voir Denise et mourir.

*

Où y a Eugène, y a pas de plaisir.

*

Il ne faut jamais remettre à demain ce qu'on peut faire à quatre mains.

*

Quand on a une dent contre quelqu'un, il est inutile de mâcher ses mots.
Il n'y a que le premier trépas qui coûte.

*

Il vaut mieux mourir dans les bras d'une fille qui vous connaît bien que périr en face d'un type qu'on n'a jamais vu.

*

Quand on monte sur ses grands chevaux, il n'est pas rare qu'on soit obligé de rentrer à pied.

*

Au royaume des aveugles, je suis un bon boxeur.

*

Mieux vaut aller « au » coiffeur que « chez » le psychiatre.

*

A force de prétendre que « l'envers vaut l'endroit », j'en connais qui auront des surprises.

*

Il est surpris comme un douanier qui vient de lire les *Pensées* de Pascal.

*

Il faut toujours frapper un homme à terre avant qu'il ne se relève.

*

Il vaut mieux dire du bien de sa valise que de la malle du voisin.

*

L'occasion fait le lardon.

*

Il ne faut jurer de rien, ni cracher, c'est pas propre.

*

Il ne faut jamais dire Fontaine... il faut dire : Patron, un muscadet !

*

Il ne faut pas mettre la charrue avant les bœufs surtout si vous possédez un tracteur.

*

Il ne faut jamais parler de corde dans la maison d'un type qui ne s'est pas encore pendu.

*

Il ne faut pas réveiller le chat qui dort : il vous demandera à bouffer.

*

Pauvreté n'est pas vice... ni versa.

*

Celui qui rit comme un bossu et pleure comme une madeleine a intérêt à boire souvent pour ne pas se déshydrater.

*

Il faut savoir ménager la chèvre et le chou quand on est bouc émissaire.

*

Mieux vaut avoir l'âme chevillée au corps qu'une prothèse qui coûte les yeux de la tête.

*

Il vaut mieux ne pas être manchot si vous voulez tirer les vers du nez à quelqu'un.

*

Il vaut mieux ne jamais parler de son propre chef même si on pense que c'est un sale con.

*

Le type qui a le cœur sur la main et le cul entre deux chaises ne peut que finir à l'hôpital.

*

C'est souvent quand quelqu'un est en train de prendre son courage à deux mains qu'il se prend les pieds dans le tapis.

*

Elle est venue entre la poire et le chômage.

*

Il ne faut jamais remettre au lendemain ce qu'on peut faire faire le surlendemain par quelqu'un d'autre.

*

Quand on n'a pas la tête sur les épaules, il faut savoir prendre les jambes à son cou.

*

Il faut toujours garder une soif pour sa poire.

*

Il ne faut pour rien au monde graisser la patte à un manchot.

*

Une hirondelle ne fait pas le printemps. A bien y réfléchir elle n'a d'ailleurs jamais fait grand-chose.

*

Quand le chèque est tiré, il faut le boire.

*

L'argent ne fait pas le bonheur de celui qui me l'a prêté.

*

Aidez-moi les uns les autres !

*

La devise du sage : « Rien faire et laissez dire ! »

L'amour, les femmes et autres points de vue...

Bien plus que le Triangle des Bermudes, le Monstre du Loch Ness ou la disparition des dinosaures, la femme demeure la plus grande énigme dans l'histoire de l'humanité.

*

La femme infidèle a parfois des remords. La femme fidèle a toujours des regrets.

*

Elle a une bouche à affûter des crayons.

*

Les petits cadeaux entretiennent ma moitié.

*

Il est marié depuis trente ans avec la même femme. A ce niveau-là, on ne parle plus d'amour mais d'acharnement thérapeutique.

*

L'homme propose et ma femme dispose.

*

Dans le plaisir à deux, on peut échanger ses pensées. Dans la masturbation on sait jamais à qui causer.

*

Censeurs hypocrites
Établissez vite
Son vrai sens profond
Car si on l'ausculte
Au lieu d'une insulte
On peut faire un culte
Du joli mot con.

*

Elle s'était fait tirer le cou pour que ses amants continuent d'en faire autant...

*

Elle était fidèle à son mari comme un liseron autour d'une bitte d'amarrage.

*

Elle a cinq enfants à nourrir et seulement deux seins, ce qui lui pose de terribles problèmes d'arithmétique.

*

J'aime ma femme parce qu'elle a su rester la même et qu'elle n'a pas réussi à me changer.

*

Elle eut deux fillettes coup sur coup – si vous me permettez l'expression.

*

Seule la femme procure le bon heurt.

*

Être amoureux, c'est avoir la cervelle à marée basse.

*

Elle tomba sur un éjaculateur nerveux qui bégayait. Avant d'avoir terminé sa longue phrase de déclaration d'amour, il lui avait fait un bébé de huit livres.

*

Elle était clitoridienne et végétarienne en même temps, ce qui posait parfois quelques problèmes à ses amants.

*

Faire sa vie avec un cul-de-jatte est une façon comme une autre de prendre un raccourci.

*

Avec tous les lapins que tu m'as posés, mignonne, on ferait un sacré civet.

*

Tes longs cils sont des rames aux vagues de la mer
Des ponts-levis fermés par ma bouche salée
Tes longs cils sont des trilles en fumée de gitane.

*

Mon cœur est accroché à la pointe de tes cils. Ne les baisse pas.

*

Ma femme aux seins secrets aux lèvres de vendanges
Au ventre palpitant de caille ensanglantée.

*

Et je suis là moi je suis là sans rien te dire
Retenant les oiseaux dans ma bouche fermée.
Et j'étrangle ma muse
Et j'étouffe ma lyre...

*

Elle ôta mes habits de toile
Et sur ma poitrine ardemment
Ses dents tracèrent des étoiles
Aux rouges couleurs des piments.

*

Il lui avait promis monts et merveilles puis il lui a donné l'heure à laquelle il voulait que son dîner soit prêt.

*

Il tombait toutes les filles qu'il voulait. Hélas, il ne les ramassait pas toujours !

*

J'avais à peine fini de lui dire : « Je ne vais quand même pas te demander la lune »... qu'elle enlevait déjà sa culotte.

*

La jeune fille chaste est celle à qui l'on n'a rien demandé.

*

La nuit tous les chats sont gris mais les chattes, il n'y en a aucune de pareille.

*

La sagesse populaire dit la femme de « sexe faible », ce qui prouve que la sagesse populaire peut parfois dire des conneries.

*

Les belles gonzesses, c'est comme le camembert, on peut pas les garder longtemps.

*

Les femmes qui ont une dot de 400 000 écus d'or sont toujours merveilleusement belles.

*

Les jours se suivent... et ma femme est toujours aussi chiante !

*

Je t'aime comme est aimée la nuit des taupes et des voleurs.

*

Ce sont les petits lits qui font les grandes maîtresses.

*

Quand je vois ta frite, ma gosse, y a pas besoin de rajouter du sel.

*

L'amour enjolive sa discrète ogive
Aux petites rives finement lactées.

*

C'est un édifice tout en haut des cuisses,
Un village suisse un matin d'été.

*

Un vrai baiser consiste à coincer les labiales
Pour dégivrer les amygdales
Tout en se ramonant le vestibule.

*

Sur le tronc du tilleul qui ombrageait le bal,
On pouvait lire sous deux cœurs entrelacés :
« Ici, on peut apporter ses baisers. »

*

Elle avait un corps de fête que j'endimanchais d'un costume de baisers.

*

Elle avait des seins comme des drapeaux
Patriotes et vaillants à l'assaut.
On les voyait, pour les fêtes de la Libération,
Qui claquaient au vent sur son balcon.

*

A côté de ton sourire, la Sainte Vierge a l'air de faire la gueule !

*

Il paraît que le vent des îles
Mêlé au parfum des marées
Donne un goût aux lèvres des filles
Qu'à nul autre on peut comparer.

*

Il y a des coups de foudre qui font des bleus au cœur.

*

Le vent qui bat sa porte est fait de mes soupirs.

*

Hélas, Mesdames,
Adieu les belles manières
Quand on a sa prostate en bandoulière.

*

Valsez, les gars
Votre vie à l'endroit
Mais faites gaffe aux revers
Quand ça tourne à l'envers.

*

Je suis tombé sur une tigresse
Qui inspire l'amour à belles dents
Mais cette enfant malheureusement
A le cœur aussi dur que les fesses.

*

C'est pas qu'elle soit vraiment bête
Mais comme dit le marchand de crevettes
Avec sa pauvre p'tite cervelle de goujon
Ça serait duraille d'faire une soupe de poisson.

*

Avec les femmes, il a passé son temps à se faire couillonner. Soit elles le quittaient, soit il pouvait plus s'en débarrasser.

*

T'es vraiment la dernière des bourriques de pas épouser ce type. Il est plein aux as, il a quatre-vingt-cinq piges et il est cardiaque. Qu'est-ce qu'il te faut de plus ?

*

Blonde, les calots couleur du ciel, elle était plus belle qu'un lever de soleil sur un compte en banque suisse.

*

Je plais à une fille
Je plais à son père
Je plais à sa mère
Mais pas à son chien
Par-dessus le marché
Ce chien a des puces
Je plais à ses puces
Et je le sens bien.

*

Je dis enlève d'abord tes pare-brise
Ghislaine je vais te faire la bise
Et puis comme je suis pas miro
Baisse ton capot on voit le delco.

*

Une femme économe a très vite compris que c'est dans la position horizontale qu'elle use le moins ses souliers.

*

– Tu te rends compte, cette petite dinde qui pèse dix millions de dollars, il vient de l'épouser !
– A ce prix-là, n'importe qui adore la volaille !

*

Pour tout homme normalement constitué, le sourire d'une femme est à chaque fois un SCUD que l'on intercepte en pleine poire.

*

Sous la tonnelle verte de tes cils courbés
Quand tu m'as regardé pour la première fois
Ma vieille liberté s'est mise à tituber.

*

Je l'attendrai le temps qu'il faudra, le temps peut se croiser les bras.

*

L'amour est-il comme une algue qui fuit lorsqu'on veut s'en approcher ?

*

La porte de ta douche est restée entr'ouverte
Et j'ai cru voir en un instant
Les jardins andalous que piétinaient alertes
Tous les chevaux d'Afghanistan.

*

Moi je n'ai qu'une ligne à suivre c'est la vôtre
J'ai la mer à boire dans vos yeux
Ma patrie c'est vous je n'en connais pas d'autre
Mon drapeau votre jupon soyeux
Vos lèvres sont un vin doux qui me terrasse
Vous me foudroyez à bout portant
Or dès qu'un baiser survient l'autre le chasse
On a le souffle court des vrais amants.

*

Dans la ruelle sombre au cœur de notre lit
Ton souffle a la tiédeur des fleurs de magnolias
Ta langue est un cheval qui ne t'écoute pas
C'est un couteau sanglant qui déchire mes nuits.

*

Elle a des grains de beauté comme une tarte aux pruneaux.

*

Quand une jupe s'ouvre, il faut la cueillir.

*

Elle avait une haleine de fleur d'oranger et tout son adorable corps sentait bon la vanille... De sorte qu'elle attirait en premier les hommes qui aimaient les pâtisseries.

*

Elle entra dans mon boudoir bien en retard sur ses nibards.
E'm'les braquait en plein dessus.
Je me suis rendu.

*

Elle était tellement rapiate qu'elle jouissait qu'une fois sur deux.

*

Il se demandait si son voisin ne servait pas de temps en temps de bouillotte à sa femme.

*

Les nanas viennent seules sans les belles-mères
On risque pas d'être embellemerdés.

*

Elle est ainsi conçue
Comme la lune et les bossus
Qui ne montrent qu'une face
Et rien de plus.

*

A côté de sa bouche en flamme
Le Stromboli n'est qu'un petit sorbet de réclame.

*

Elle avait des seins comme des oiseaux
Dès que je lui fricassais le museau
Mais dès qu'elle s'éloignait de mes puissants pectoraux
Elle avait des seins comme des poireaux.

*

Je la déshabille d'une délicate manière comme j'enlève l'arête de ma sole meunière.

*

Elle est bandante comme un saladier de crème fouettée devant un chat de gouttière.

*

Le sein le plus connu est le sein Lazare, où tout le monde descend.

*

Vous savez ce que c'est, les nuits d'hiver, il fait froid, on a l'onglée, le café refroidit vite... Bref, sans télé, que voulez-vous tricoter, sinon des lardons qui pourront toujours faire les courses ?

*

Moi qui suis musicien
J'ai joué jusqu'au matin
De l'accordéon sur ses hanches
De l'harmonica sur ses dents blanches
Elle m'a dit les yeux au ciel
Tu peux attaquer Pleyel.

*

Elle a des seins à rendre un loir insomniaque.

*

Il s'agit de mon cœur je vous le dis tout de suite
Sans doute ce vieil abat vous passionne à demi
Mais apprenez docteur que ce nigaud palpite
Pour compter les secondes depuis qu'elle est partie.

*

Il n'est pas rare que les prostituées du bois de Boulogne se chicorent avec les Brésiliennes qui viennent, selon elles, leur enlever le pain de la bouche ! On est en droit de se demander de quel genre de pain ces dames se nourrissent.

*

Après tous les mots que ma femme et moi nous étions balancés à la tronche, je me doutais bien que ce soir on dormirait à l'hôtel du cul tourné.

*

Pour préparer le dîner de son mari, elle va faire siffler sa Cocotte-Minute chez son maître nageur !

*

Elle me dit : « Y a que le premier pas qui coûte... ! » Faut dire qu'elle vivait sur un grand pied.

*

Les seins :
J'aime qu'ils soient gonflés en muscle de docker
Et non comme ces minables en oreille de cocker
Et je ne déteste pas lorsque je les caresse
Qu'ils deviennent subitement aussi gros que ses fesses.

*

On doit se compléter, ma chérie, comme le beurre et la tartine, et on doit être heureux comme un chou-fleur sous un gratin.

*

Elle avait les lèvres humides comme une communiante qui mate son premier film porno !

*

Vous lui dites vos lèvres sont des fruits de saison
Et ça tombe au poil moi j'adore les citrons
[...]
Vous lui dites quelle chance vos points noirs sur le nez
Chérie j'adore le caviar sur canapé
[...]
Vous lui dites quelle chance vos poils sur le menton
Chérie j'adore le moisi sur les croûtons.

*

Tu as une chute de reins la môme
C'est mieux que les chutes du Niagara.

*

Tes seins poussaient les plis de ton corsage bleu
Ils ont bien failli gagner la bataille.

*

Elle avait des seins comme des violons
Et moi j'en jouais comme du piston
Mes airs mélodieux faisaient jaillir de ses yeux ronds
Des gros sanglots longs sur ses violons.

*

Même à la Chandeleur, c'est pas par toi qu'elle se ferait sauter !

*

J'aime tes aisselles chaudes comme nid de mésange.

*

Un chagrin d'amour ne dure que jusqu'au prochain amour.

*

Belle rose devient gratte-cul
A toi la plus belle je n'en dis pas plus.

*

J'aime le ciel parce qu'il est dans tes yeux.

*

Quand elle m'a dit je t'aime j'ai voulu prendre un ton blagueur
Mais j'avais l'air d'un type qu'on vient d'appeler chez le directeur.

*

J'ai le cœur qui saigne comme un nez de boxeur.

*

Elle sauta à pieds joints dans la Grande Ourse
Et nous conduisit droit au paradis
Dix mille baisers furent le prix de la course
Payés comptant sous le ciel de mon lit.

*

Dans la douceur de l'été dans la soie
Des corsages éclatent partout sous les doigts
Je goûte encore ces produits laitiers
Car malgré mon expérience le mystère reste entier.

*

Son jeune sein palpitait comme un cœur d'oiseau blessé
Dans ma main de chasseur embarrassé.

*

Moi pour un cil de cette dame
Aux yeux blottis dans des écrins
J'assassinerais bien ma femme
En chantant quelque gai refrain.

*

Elle était jolie, gaie, fraîche, naturelle et appétissante comme une reconnaissance de dettes.

*

Le pauvre type qui cherche une aiguille dans une meule de foin n'avait qu'à pas épouser une couturière et l'emmener à la campagne.

*

Quand un type est cocu, battu et content, il a au moins l'avantage d'avoir un foyer où n'entre jamais le psychiatre.

*

Elle connut vingt années de bonheur auprès d'un époux délicieux qui n'était jamais là.

*

Le soir des noces, elle chialait comme une femme de chef de gare le jour de congé de son époux.

*

Il tombait aussi facilement amoureux qu'un cycliste débutant tombe de son vélo.

*

Par charité chrétienne, elle soulageait tous les anciens combattants à qui il restait encore une balle dans le canon et qui ne savaient qu'en faire.

*

Elle avait des fesses qui vous faisaient oublier qu'un jour vous aviez eu de la salive dans la bouche.

*

Elle avait épousé un tailleur qui lui donnait du fil à retordre.

*

– Arrête de rouscailler pour une contredanse. C'est quand même pas comme si t'étais cocu !
– Oh ! il y a longtemps que je m'y suis fait !

*

Mademoiselle a fait son étroite, j'ai même pas pu lui carrer un salsifis dans le potager !

*

C'est la GAÎTÉ nous LEVALLOIS dans son DUPLEIX, elle me dit ISSY je vis avec ÉTIENNE-MARCEL, que tu me DÉFENSE le SENTIER que tu me prennes la CHAPELLE de toute façon MARCEL-SEMBAT. Elle se met SULLY présente la TOUR-MAUBOURG mais je descends aussitôt à POISSONNIÈRE là le nez me CHÂTILLON, ça sentait le CAULAINCOURT, bref j'étais pas à BEL-AIR.

*

Les baisers maintenant tombent sur moi
Comme des hirondelles dans le froid.

*

J'y roule un patin et elle m'en fait une paire de skis.

*

Il l'aimait, elle l'aimait, ils n'avaient rien à se dire. Il était con, elle était con et leurs vieux étaient pires.

*

Il se maria avec une superbe gazelle qui le trouvait beau comme un balai neuf.

*

C'est pas parce que tu m'as trouvée au pageot avec lui que tu vas en faire tout un pataquès ! D'abord, c'est ta faute, tu devais rentrer que demain !

*

Ce soir pour t'oublier, ma poule, j'ai éclusé quelques p'tits blancs, manque de pot, maintenant je te vois double, une seule suffisait largement.

*

Certes j'apprécie Buffet mais Renoir me fait plus d'effet car pour moi toutes ces sacrées minettes d'aujourd'hui ont trop d'arêtes.

*

Côté nénés, elle ressemble plutôt à deux cerises posées sur un blini !

*

Elle avait bien plus déglingué les pageots de ses jules que celui de son époux.

*

Au lit, c'était un vrai tremblement de terre. Elle était très douée pour les secousses.

*

C'est bien beau « la fente du bambou », « la position de la jument », « le polissage de la mangue » et « le pissenlit bulgare », mais le cœur, là-dedans, vous le placez où ?

*

« C'est une fille fantastique. Bousculée comme une vierge du XIIIe. » Il me demande : « arrondissement... ? »

*

Elle a l'esprit aussi vif que le coup de reins.

*

Par malheur, elle avait le GONCOURT, sa MOTTE-PIQUET, avouez qu'SAINT-CLOUD à s'DUGOMMIER le JULES-JOFFRIN son p'tit CHALIGNY-FAIDHERBE était bien trop BILLANCOURT, elle demeurait une vraie GLACIÈRE. Elle OPÉRA un changement la RÉAUMUR, l'en BROCHANT en CHEVALERET entre LA FOURCHE et la MUETTE à l'ANVERS aussitôt je lui BOURG-LA-REINE jusqu'à temps qu'elle en PICPUS. Vingt dieux qu'SÉGUR, t'as un JOURDAIN mais c'est DUROC, que c'est PLAISANCE, dit-elle en saisissant MONTREUIL, elle me MONGE les BOULETS, elle me POMPE le BOUCICAUT et bien sûr quelques mois plus tard elle me TÉLÉGRAPHE un jour la BONNE-NOUVELLE elle avait oublié de prendre sa BASTILLE elle attendait ses RANELAGH elle a eu la BUTTE-CHAUMONT et c'est le p'tit EDGAR-QUINET.

*

Elle trimballait des nibards à vous décapsuler le calebar d'un centenaire !

*

Son futal était serré
Son slibar bien amarré
Fallait carrément qu'j'attaque
au chalumeau.

*

Elle vous emmène au septième ciel, certes elle met du cœur à l'ouvrage, mais elle n'est jamais du voyage.

*

Il avait gagné un concours de dépucelage avec un score de huit secondes trois dizièmes !

*

Il y a toujours la pilule, le stérilet ou le diaphragme, c'est quand même plus commode que de pratiquer l'exode en se retirant d'un bond comme un évêque après le sermon.

*

Je sens ses petits nibards qui me font des trous dans le pull-over !

*

L'amour promet souvent, c'est un bon député.

*

Pour ne pas avoir d'emmerdes dans la vie, il faut : hurler avec les loups, baiser avec sa femme et ne pas contrarier son patron.

*

Quand je lui ai dit : « Autant vouloir prendre la lune avec les dents »... elle a pris ses jambes à mon cou et m'a dit : « Chiche ! »

*

Sa réputation de chaud lapin était amplement méritée. Il copulait vraiment comme un lapin, mais son orgasme était plus rauque.

*

Sa vertu la conduisait à serrer les fesses et à ouvrir l'œil.

*

Tous les soirs, il battait sa femme par peur de passer pour un faible.

*

Un ami véritable ne doit pas te demander si tu possèdes une carte American Express... il doit te confier la sienne.

*

Une femme qui commande, c'est aussi chiant qu'un homme qui veut commander.

*

Les femmes savent bien où le bât blesse.
... c'est pour ça qu'elles n'en mettent plus.

*

On verra les poissons perchés en haut des branches
Et la chatte allaiter des nichées de souris
L'épervier donnera la becquée aux mésanges
Le loup de l'agnelet sera le favori
La mer sera sucrée et la montagne plate
On verra la folie déserter les cerveaux
Au cœur du Groenland pousseront les tomates
Avant que je ne sois amoureux de nouveau.
[...]
On verra le mendiant donner la pièce au riche
Le gourmet délicat manger chez McDonald
On verra le chasseur poursuivi par la biche
Et la neige tomber sur les toits de Riyad
Le torrent bondissant montera la colline
Le plomb deviendra plume le flocon sera lourd
Ma langue pèsera le poids d'une aubergine
Avant que d'avouer que je l'aime toujours.

*

De deux choses l'une quand elle s'assied tendrement
Son cul est trop p'tit ou mes genoux sont trop grands.

*

– Mais qu'est-ce qu'il vous a dit exactement votre mari avant que vous ne l'envoyiez à l'hôpital ?
– Il m'a dit : « Entre nous, il n'y a plus qu'à tirer l'échelle... ! »

*

Elle lui a dit : « L'habit ne fait pas le moine »...
Il lui a répondu : « Mais si, touche ! »

*

Elle lui disait : « Allez, ne fais pas l'enfant, il est temps d'en mettre un coup... » Les femmes ne savent pas ce qu'elles veulent !

*

La môme se trimbalait une paire de meules, un vrai piège à infarctus !

*

Les jeunots aujourd'hui, qui ont la miraculeuse pilule, connaissent pas leur bonheur de ne pas avoir été forcés de sauter du train en marche.

*

Les vaches et les taureaux sous des airs bucoliques tringlent quand ça les pique devant le Paris-Bordeaux. Pour de tels coups de reins et sans la peur du drame je connais au moins dix femmes prêtes à sauter du train.

*

Ma femme m'a dit : « Je vais me faire la paire. » Je sais pas laquelle exactement, car c'est le printemps !

*

Malgré l'obscurité complice du cinoche, avec le jean serré de la nénette, c'était pas fastoche d'arriver jusqu'au millefeuille !

*

Elle tirait le diable par la queue... après tout s'était-elle dit, pourquoi pas aussi le diable ?

*

Elle n'obéit toute sa vie qu'à son génial instinct et aux pulsions éprouvées par son petit calfouette en pilou.

*

Quand l'institutrice rallegeait en mini-jupette à ras des noix et un décolleté à vous faire sauter les boutons de braguette, la plupart des élèves marquaient midi !

*

Nous n'irons plus au Bois, les travelos sont coupés.

*

Rien qu'à voir les regards qu'elle lui balançait et le chiffon rouge gourmand qu'elle promenait entre ses lèvres, il se doutait que la rouquine qui vendait ses violettes avait urgemment besoin d'une tige pour faire bouger son nénuphar !

*

Sa langue rose me redonne goût à la vie, entre ses dents quand elle abaisse le pont-levis.

*

Un seul baiser suffit pour qu'on devine qu'enfant elle consomma des vitamines.

*

Un timbre-poste sur le fri-fri et un lacet de grolles entre les mouillettes, les frangines, cette année, à la plage, auront plus beaucoup de marques blanches sur le cadran solaire à la rentrée de septembre !

*

Une femme se compose en deux parties de prime abord : il y a une moitié compliquée, l'autre qui est bourrée de problèmes. Quand la partie supérieure vient de vous dire je t'aime, une fois sur deux l'étage en dessous n'est pas du tout d'accord.

*

Sa fermeture à glissière fonçait comme le chemin de fer.

*

Elle passait comme Attila sur mon matelas !

*

Elle me pose ses deux seins j'en retiens un
Je me dis j'aurai toujours l'autre pour demain.

*

Elle veillait sur son pucelage comme les Américains sur Fort Knox !

*

Elle vous fait grimper au ciel, et sans prendre le Concorde !

*

En cuisine, on ne fait pas de bonnes liaisons sans amour.

*

Les lapins sont contents
Ils baisent ils font ripaille
Chez eux rien ne travaille
Que la bite et les dents.

Les jurons, la langue verte

Pour un rien, il enculait les mouches... sa femme était très méfiante.

*

Il a fait vingt ans de prison à regarder pousser ses varices.

*

Quand elle se rapprocha de lui pour lui dire :
« Je t'aime », il lui répondit :
« J'espère que tu te sers plus souvent du bidet que de ta brosse à dents ! »

*

Avec une tête de con pareille, il ne vendrait même pas un chapelet à Lourdes.

*

Ce qu'il y a de plus profond chez lui, c'est les trous de nez !

*

Un connard d'élite comme lui, ça mérite un diplôme.

*

Une vraie ramoneuse, la petite ! Quand elle a fini de limer, on s'attend toujours à voir sortir la fumée !

*

Il était temps qu'un clampin lui propose de l'épouser : elle approchait de ses vingt-neuf balais, pesait près de deux quintaux, et les toiles d'araignée menaçaient sa boîte à ouvrage.

*

Son calepin d'adresses galantes ressemblait à un bottin de téléphone, tellement elle avait le brugnon incandescent.

*

C'est une vraie dégueulasserie de la part du pape d'interdire la capote. Lui, on le laisse bien s'habiller en femme !

*

Il est petit, il a le tuyau d'échappement près du gazon !

*

Elle mitonnait une tortore à vous rendre cannibales une colonie de végétariens !

*

– Sois tranquille, je ne te violerai pas, même si tu me le demandes à genoux !
– Et couchée ?

*

– Alors, vieux croûton, tu te sers toujours du piment pour bander ?
– Oui... Et aussi quelquefois de ta femme !

*

– Bougre de fainéant, depuis un an que t'as pas lavé tes chaussettes, t'aurais au moins pu les retourner !

*

– C'est un homme de trois lettres ! Il a vraiment un crachat à la place de la cervelle !

*

« Aux chiottes l'arbitre » : Formule célèbre qui tendrait à prouver que les arbitres ont souvent des problèmes avec leurs intestins.

*

Depuis que j'ai maté le directeur de ma banque à poil, je comprends avec tristesse que mon argent l'intéresse.

*

Il exhale de sa bouche l'odeur d'un putois qui a avalé un livarot !

*

Le bon papa était désolé de subodorer que le bouton de rose de sa fille allait finir en pruneau sec.

*

L'adjupète, à force de se faire encaldosser par le major, y défile sur les Champs comme un ancien de Saumur qui a paumé son cheval !

*

Elle avait une paire d'ananas qui vous faisait tout de suite aimer la Martinique !

*

L'Auvergnat avait la sale manie de récupérer en remontant le beurre qu'il venait d'étaler sur le sandwich en descendant.

*

Quand le Gabonais s'est pointé dans la sacristie la balayette infernale en pogne, les bonnes sœurs mataient l'engin comme des gardiens de phare scrutant la houle, tout en appelant Jésus !

*

Au premier coup d'arbalète dans l'entrée de service, la Ginette a hurlé comme si on l'égorgeait.

*

Si ma tante en avait, elle aurait un vélo d'homme.

*

Quand j'étais mouflet et que le 11 Novembre, je voyais tous ces pauvres grands-pères apporter une gerbe au monument aux morts, je pensais déjà qu'avoir toute une batterie de cuisine sur le poitrail pour remplacer un bras ou une jambe n'était pas un troc bien raisonnable.

*

Quand Monette la dactylo quittait sa chaise pour aller chez le dirlo, tout le personnel masculin biglait ses cannes et son bavard qui valait largement le premier étage.

*

A mon pote Marcel, beurré comme un p'tit Lu et qui essayait malgré tout de brosser une nouvelle nana, celle-ci l'avait viré du paddock en lui disant : « Alors grand-père, on s'endort sur le rôti ? »

*

Après le coup de fusil à trois coups qu'il venait de filer à Hildegarde, le beau Rico avait les joyeuses en oreille de cocker.

*

Dans tout le bled, il n'y avait plus que les parents des enfants de chœur qui ignoraient que le curé était de la pédale !

*

Elle s'apprêtait à passer à la casserole et voyant la manœuvre du gus qui ne laissait guère de doute sur ses intentions, elle lui dit : « Si c'est la porte de service que tu cherches, je te préviens tout de suite qu'avec moi y a maldonne mon gars ! »

*

Fin psychologue, il avait très tôt remarqué que les gonzesses détestaient pas qu'on leur parle d'amour avant de leur balancer la louche au réchaud.

*

Il était tombé sur une ravageuse de première qui, en même temps que ses roubignolles, lui avait asséché tout son osier.

*

Le curé commençait à comprendre que si la bonne sœur n'avait cessé de lui casser les noisettes, c'est qu'elle avait peut-être besoin d'un coup de crucifix dans le tabernacle !

*

Quand il l'avait traité de saoulot, il avait pris les quintuplés de son père en pleine tronche !

*

Quand on voyait cette jolie môme roucouler au bras de ce gros sac de cholestérol, on se doutait bien qu'elle s'était mariée uniquement pour ses pépettes.

*

Rita s'était mise à chialer quand Piétro, qui la voyait à poil pour la première fois, s'était foutu à siffler, mi-moqueur, mi-admiratif : « Dis donc, c'est pas un porte-monnaie à moustaches que t'as là, c'est carrément l'Amazonie ! »

*

« Punaise ! dit Rosette à Betty en arpentant le bitume, le discours du cureton à l'enterrement du député, c'était long comme un jour sans pine ! »

*

Si le nouveau président n'était pas élu, les quatre gus de Fresnes qui avaient gerbé la peine capitale étaient bons pour se faire raccourcir.

*

Comme il avait un nom à coucher dehors, tout le monde l'appelait Ducon et il s'en rendait tous les jours un peu plus digne.

*

Con : espèce en prolifération constante malgré la baisse de la natalité.

*

Dis donc, graine de platane, comment tu arrêtes ta bagnole quand y a pas d'arbres ?

*

Je n'ai jamais vu de revenants. A part ma bonne femme, qui est revenue au bout d'une semaine !

*

Il a la connerie épaisse, méfie-toi, il fait souvent des tartines !

*

Tu peux arriver à lui rouler une pelle, mais pour la descente à la cave, bernique !

*

Lola, qui en avait class de se décrocher des polichinelles deux fois par an, avait décidé de passer sur le billard pour se faire dévisser les échalotes.

*

Il est de bon ton dans le jargon chébran d'aujourd'hui d'appeler un Noir un Black, ce qui ne change strictement rien à la couleur de sa peau ni à ses fins de mois difficiles.

*

Ayant épousé un amputé de la balayette, elle a dû prendre un amant.

*

C'est l'Himalaya de la connerie à lui tout seul, ce mec ! Même sa femme a jamais vu le sommet !

*

C'est un connard sublime, le tout c'est de se mettre à sa portée.

*

C'était un obsédé grave. Rien qu'à mater une Sainte Vierge en plâtre dans une procession lui filait le bâton !

*

Ce mec est vraiment le roi des cons et j'ai l'impression qu'il s'accroche à son trône !

*

Lui, y me fout la colique et constipe mon chien !

*

Soudain, folle de rage, elle lui a balancé sur le bocal un vieux Larousse de huit cents pages, avec des mots qui lui ont fait mal.

*

C'est souvent les mecs les plus tartignoles qui se mettent sur le bout les gonzesses les plus choucardes.

*

Il a morflé un grand coup de genou dans les témoins à charge !

*

Si toutes les tantouzes connues et inconnues à Paris se tenaient le petit doigt, on aurait vite rempli la place de la Concorde !

*

Le premier soir où Césarin l'a culbutée, elle a regardé sa tocante juste après. A peine deux minutes qu'il l'avait enjambée et la bête avait lâché son cri !

*

En plus d'une voix si bandante, la Jamaïcaine avait une façon bien à elle d'onduler de la touffe. Tous ses fans à Bercy en avaient des lames de fond dans le calfouette.

*

Pendant ses dix piges de placard, les exploits amoureux de Léo n'avaient jamais dépassé l'attaque à cinq contre un. Mais aujourd'hui qu'il était libre, bien fortiche serait celui qui l'empêcherait d'aller chez Zorah tremper son biscuit.

*

A loilpé bien à l'abri derrière la dune de sable, la mignonne se gourait pas une seconde que le jeunot se tapait un ramollo en la matant se bricoler le Triangle des Bermudes !

*

Je n'en peux plus, faut que j'aille aux gogues, j'ai la taupe qui pousse au trou !

*

Rien qu'à sa façon coquine de se pencher pour lui faire admirer sa laiterie, Fabrice espérait bien trouducuter la jolie caissière un jour que son cocu irait chasser le faisan en Sologne.

*

Elle faisait les yeux de carpe quand son Jules lui ripolinait le soubassement !

*

Hector le tombeur, qui s'était mis à pisser des lames de rasoir, avait dropé chez le toubib en lui disant : « Docteur, mordez un peu ce qui se passe dans ma cage à serins, je crois que j'ai attriqué des charançons dans les valseuses ! »

*

Le vieux Lolo, qui paumait tous ses vermicelles, s'était attriqué une moumoute plutôt que d'avoir un vélodrome à mouches sur le citron.
Je voudrais me marier avec cette panthère qui a un très beau pelage et deux petits ascenseurs bloqués au même étage.

*

– Méfie-toi de ce salaud, il a déjà baisé ta femme !...
– Merde, pour la tienne je savais, mais pas pour la mienne !

*

– Ne te fais pas de soucis, elle reviendra te manger dans la main !
– C'est ça, quand elle aura un dentier !

*

Te laisse pas emmerdouiller par ce type. Il a déjà trouvé les radis creux, le saumon fade, le flan trop sucré et il va sûrement dire que l'addition est trop salée !

*

« Fils de chien » : Très péjoratif pour les clébards qui ne méritent pas une telle comparaison.

*

– Va donc, hé, enfant de trente-six pères !
– C'est toujours mieux que d'être le fils d'un seul con !

*

Qu'est-ce qui m'a foutu un con pareil ? Il est allé dire à ma bourgeoise que je m'étais saoulé tellement j'étais triste qu'elle soit partie ! Du coup, elle est revenue !

*

C'est un garage à bites, cette gonzesse, mais méfie-toi, le parking est cher !

*

Un agité est une sorte de débile imprévisible auprès de qui les députés, un jour de séance à l'Assemblée, ont l'air normaux.

*

– Hé, fesses d'ablettes, ils sont à toi ces nibards ?
– Et ta connerie, elle est à qui ?

*

– T'es pas un peu secoué de traiter l'adjudant de vieux con ?
– Pourquoi, il est pas vieux ?

*

Un avorton se reconnaît facilement. C'est le seul qui donne de l'avoine à un basset qu'il prend pour son cheval !

*

L'abruti est peu recherché mais par contre très répandu. On en trouve un peu partout sur les cinq continents qui évoluent librement parmi des gens qui se trouvent intelligents.

*

Crème d'andouille : synonyme d'imbécile. La crème d'andouille est une crème épaisse qu'on ne trouve pas que dans les crémeries. On en croise dans les couloirs de gendarmerie, dans les casernes, dans les stades, dans les commissariats, etc.

*

Putasserie de vie ! Mon vieux se paye un infarctus, ma vieille un cancer et ma bergère se fait la malle... j'ai le tiercé dans l'ordre !

*

Quand les couillons voleront, tu seras le patron d'Orly !

*

Bas du cul : ainsi désigne-t-on quelqu'un qui a les jambes courtes. Il y a des baducs qui ont le bras long. Ça compense.

*

Que tu prennes mes nibards pour des boules de pétanque, je veux bien... mais mon salaud il y a plus de six mois que j'ai pas vu le cochonnet !

*

C'était plus fort que lui, il pinaillait sur tout. Il ne pouvait s'empêcher de sodomiser les moustiques.

*

Sa connerie est immense, mais il peut encore se surpasser, il s'applique tellement.

*

– Ce soir, c'est ma fête !
– Pourquoi, c'est la Saint-Con ?

*

« Ça va être ta fête » : Menace qui implique deux cas de figure bien précis. Le premier est une menace de châtiment par une éventuelle correction. Le deuxième, beaucoup plus doux, est une promesse de délices futures à un ou une partenaire qui ne saurait s'en plaindre.

*

Le casse-couilles est souvent un être délicieux, sauf pour les gens de son entourage. Ne sachant pas lui-même qu'il est casse-couilles, il peut déjà délibérément casser les couilles à tout le monde, celles de son épouse en particulier, même si celle-ci est dépourvue de ces virils attributs.

*

– Tu es une vraie nullité. Même un gosse de quatre ans sait faire marcher un magnétoscope !
– Oui mais justement, j'ai plus quatre ans !

*

– Tu croyais vraiment qu'elle t'épouserait avec ta paye de facteur ?
– Je lui avais pourtant parlé de mes primes de fin d'année !

*

– Je t'emmerde, trou du cul ! Tu m'as épousée que pour mes sous !
– Et pour ta distinction !

*

De nos jours, le mot con désigne avant tout celui qui est dépourvu d'intelligence. Cependant, l'idiot, le sot, le goujat, le vaniteux, le prétentieux, la brute épaisse bornée, le patron à l'autorité abusive ou particulièrement le mégalomane jamais lassé de se prendre pour le nombril du monde, ont incontestablement droit de préemption quant à l'attribution de ce noble titre.

*

On avait beau aimer le bon Dieu, c'était duraille de se confesser à ce radis noir qui repoussait du goulot.

*

C'est dégueulasse ce qui se passe en Bosnie et au Rwanda. Et même chez mes voisins de palier, d'ailleurs.

*

Vous entendre traiter de débris remet généralement en question le fragile équilibre de votre ego freudien à tendance mégalomaniaque...

*

– Va te faire soigner, espèce de mal baisée !
– Si c'est toi qui t'en charges, je suis pas près de guérir !

*

– Il te bat tous les jours ?
– Non, il y a des jours où il se repose !

*

D'une timidité maladive, il préférait se taper des ramollos que de faire du gringue aux nanas.

*

Zut ! : Pauvre injure libératrice des culs-bénits et autres indécrottables bourgeois qui n'ont jamais osé lancer le fameux MERDE libérateur !

*

Merde : Ce mot est une friandise. Seuls les crétins de haut vol ne l'utilisent jamais. Il est un médicament à lui tout seul. Bouclier toujours prêt contre la folie et la cuistrerie. Pourfendeur des misères du monde. Prononcé de façon gentiment bourrue, il fait le constat de notre impuissance à résoudre nos problèmes domestiques ou métaphysiques. Il est savoureux à prononcer lorsqu'il est lancé avec conviction en mettant l'accent tonique sur la fin de la première syllabe. Il est alors triomphant. Rien ne lui résiste. Il est inégalable, incomparable. Tous les pauvres zut, mince, crotte, flûte, punaise ou vingt dieux ne sont qu'injures de catéchisme tout juste dignes d'une bouche de nonnette condamnée à la pénitence. Un mot qui se crie, qui se hurle, qui se susurre, se murmure, se savoure. C'est le mot qui console, dont on a besoin.

*

Une banque : une plantation d'oseille.

*

Depuis le coup de rasif qu'il avait bloqué dans les joyeuses, la voix du chanteur avait grimpé de trois octaves.

*

Le mouchoir, c'est un parc à huîtres.
Le cercueil, un pardessus sans manches.
La prostituée, un matelas ambulant.
Les fesses : les Pays-Bas ; l'usine à gaz.

*

Se masturber (pour un homme) : attaquer à cinq contre un, se fréquenter, s'allonger le macaroni.

*

Se masturber (pour une femme) : se jouer un air de mandoline, plumer l'oie.

*

Depuis qu'il n'avait plus un tabouret dans la salle à manger, il ne pouvait plus avaler que des purées.

*

Un chapeau de paille : un casse-croûte de cheval.

*

Un chauve : avoir une perruque en peau de fesse, un vélodrome à mouches, avoir le gazon mité, le melon déplumé, son genou dans le cou.

*

Il emballa une petite boulotte ; c'était quand même mieux que de rentrer chez soi et d'attaquer à cinq contre un !

*

« Je vous connais, qu'elle me dit, vous diriez pas non si je vous mettais mes jumelles sur le fer à souder ! »

*

Le bidet : la gamelle du chat.

Histoire

Les Grecs étaient d'impitoyables soldats, tous des types sans scrupules, capables de tuer des femmes et de violer leurs maris !

*

Les eunuques passaient leur temps à se plaindre. Il leur manquait toujours quelque chose.

*

Adolescent, Louis XIV joua à saute-mouton avec les copines de sa mère. Intelligent comme il l'était, il pigea vite que les moutons n'étaient pas indispensables.

*

A l'époque des Grecs, on soignait un type en lui tapant de grands coups sur la tête pour lui faire oublier qu'il avait mal aux pieds.

*

La devise de Jeanne d'Arc : « Haut les cœurs, messieurs, et bas les pattes ! »

*

Lorsqu'ils étaient treize à table, les Gaulois étranglaient le plus jeune convive pour lui éviter de mourir dans l'année.

*

Il n'y avait pas un esquimau qui n'eût rêvé d'être sucé par Messaline.

*

Sous Louis XV les caisses de l'État étaient aussi vides que la cervelle d'un CRS.

*

Aggripine était la sœur de Caligula. C'était pas vraiment une référence quand on voulait se faire embaucher.

*

Alexandre le Grand avait aplati les Perses à l'épaisseur de leurs tapis.

*

C'est pas que Ramsès II était mégalo, mais quoi, il aimait qu'on dise du bien de lui... comme vous et moi. Surtout moi !

*

Charlemagne ne perçut jamais vraiment l'écart qui existait entre les préceptes de sa religion et sa vie privée. Il faut bien reconnaître que, pour un homme aussi occupé à brûler les villages, conquérir un empire entier, déporter les prisonniers et tirer au sort tous les soirs six nouvelles concubines, il n'était pas très fastoche de percevoir tous les écarts, non ?

*

Les éléphants d'Hannibal étaient bien décidés à marcher sur les Romains, comme on prend les patins dans le salon.

*

Les Gaulois étaient déjà vêtus de peaux de bêtes, tout comme les princesses de Monaco au bal des petits lits blancs.

*

Les soldats grecs refusant de combattre, Alexandre le Grand fut obligé de s'incliner. Ce qui n'était pas très prudent connaissant les mœurs de ses troupes.

*

Louis XI était réfléchi, fourbe et rusé. Ceci dit, mon coiffeur est aussi un peu comme ça !

*

Napoléon III récupéra Nice et la Savoie. Comme quoi il n'a pas fait que des meubles !

*

Vercingétorix était un chef gaulois des années 30. Rien à voir avec Joséphine Baker.

*

Parlant un jour de son formidable « joujou des demoiselles », Henri IV prétendit sans rire que jusqu'à quarante ans, il avait toujours cru que c'était un os. On peut raisonnablement accréditer cette naïve conviction, car ses maîtresses, pour la plupart des cordons bleus, ont prouvé qu'elles accommodaient fort bien cet os avec le tournedos.

*

Jeanne Bécu, comtesse du Barry, avait été femme de chambre dans des maisons où le mari s'arrangeait toujours pour passer ses journées à repeindre la chambre. Elle avait vite pigé, futée comme elle était, qu'elle devait nettoyer aussi le pinceau avant de partir. Elle changea souvent de place, car ses patronnes trouvaient le travail un chouia trop léché. Il est bien connu, hélas, que les pauvres ne savent jamais par quel bout ils doivent prendre les riches.

*

Claude était empereur, ce qui est tout de même mieux que chef de rayon aux Nouvelles Galeries. Il était aussi riche à crever, ce qui est plutôt rassurant lorsqu'on va faire les commissions. Et enfin, il était aussi viril qu'un eunuque après une cure de bromure. C'était le mari idéal.

*

On sait que les croisés, ces phallocrates, maniaient le passe-partout
Et que trois cents ans plus tard la môme Jeanne d'Arc inventait le barbecue.

*

Sous Louis XV, les courtisanes avaient des tronches enfarinées comme des merlans, dans le seul but de planquer leurs vieilles rides. On ne se faisait pas tirer la peau à l'époque, sinon, y en a plus d'une qui se serait retrouvée avec l'entrée de service entre les omoplates.

*

Peu de femmes dans l'histoire des favorites ont amassé une si grosse fortune que la du Barry avec seulement quatre bosses et un petit trou !

*

Sur l'abbaye de monte-à-regret, on entendit la du Barry supplier : « Encore un petit instant, monsieur le bourreau. » Le bourreau fit celui qui n'entendait pas. Pas très franc du collier ces mecs-là !

*

Les Gaulois étaient superstitieux : un ours qui les attendait en sifflant au pied du chêne sur lequel ils cueillaient le gui était mauvais présage.

*

Les Gauloises avaient l'habitude d'aller aux portes du village pour soulager la misère sexuelle du pèlerin de passage qui ne savait jamais où planter son bâton.

*

Les cérémonies religieuses des Gaulois consistaient à sacrifier une femme ou un enfant. Parfois même un taureau. On économisait toutefois les enfants de sexe mâle pour en faire de beaux guerriers et les taureaux qui étaient bien trop onéreux. On se contentait plus généralement d'une simple femme.

*

Pour être sûr que sa femme était fidèle, le Gaulois avait un truc très simple. Il la faisait mettre toute nue dans le salon. Puis il invitait ses meilleurs copains, qu'il obligeait aussi à se déshabiller devant sa femme nue. Le premier qui montrait un intérêt évident à un certain niveau, il le massacrait ! Ainsi, sa femme ne courait plus aucun risque. Il fallait y penser. Le bon sens de ces êtres, somme toute primitifs, force l'admiration.

*

Le pape Alexandre VI s'éteignit en odeur de sainteté en 1503. On dut ouvrir toutes grandes les fenêtres tellement ça sentait la sainteté.

*

Lucrèce Borgia avait des nibards si fermes et si ronds qui posaient tant de questions qu'on avait forcément envie de leur trouver tout de suite une réponse.

*

Alphonse d'Este était plus snob qu'un pou dans la moumoute de Louis XIV.

*

Ce qui est bien plus avantageux dans les guerres d'aujourd'hui par rapport à celles du Moyen Âge, c'est qu'on peut avoir largement autant de morts, mais en beaucoup moins de temps. On peut ainsi remettre le couvert tout de suite sans attendre cent ans.

*

Selon la légende, la lignée de Gengis Khan était issue d'un loup bleu et d'une biche fauve. Ce qui rendait les gens méfiants quand il se rendait dans un cocktail.

*

Dagobert était un descendant des Mérovingiens, descendu peut-être un peu trop vite !

*

Au Moyen Âge, on se sortait moins facilement d'un sac à patates bien ficelé qu'aujourd'hui d'un scandale avec les fausses factures !

*

Au tir à l'arc, il crevait l'œil d'un type à cent mètres. Généralement le type le remerciait de lui avoir laissé l'autre.

*

C'est pas si facile de faire face à un peuple qui vous tourne le dos alors qu'on lui tend si généreusement les bras pour lui demander des sous.

*

Les historiens se grattent furieusement encore la moumoute pour savoir si Godefroi de Bouillon fut un vrai héros ou un parfait lavedu. Pour ma part, je me demande certains jours avec angoisse qu'est-ce qu'on peut bien en avoir à glander.

*

Comme au fond César n'était pas vraiment méchant, il égorgeait les enfants en dernier pour ne pas faire de peine à leurs parents.

*

César a toujours voulu être dictateur et le maître absolu de son pays, ne serait-ce que pour ne plus faire la queue dans les magasins.

*

Gengis Khan fut assassiné par les Tartares. Son fils Temüdjin ne pleura pas, mais jura que désormais, lorsqu'on demanderait un Tartare au restaurant, on le servirait haché dans une assiette avec des câpres, de la sauce anglaise et un œuf par-dessus. Il a tenu parole.

*

La reine Yolande a vérifié la virginité de Jeanne d'Arc, à la demande de l'archevêque d'Embrun qui n'a pas voulu s'en rendre compte lui-même parce qu'il avait les ongles trop longs. Délicat, non ?

*

Les Anglais du Moyen Âge avaient remarqué que, chaque fois qu'ils passaient sous une échelle au pied d'un château, ils prenaient un seau d'huile bouillante sur le cassis. Ça les rendait superstitieux en diable.

*

Entre Louis XI et son père, il y avait de la friture sur la ligne. Ils s'aimaient comme on aime un furoncle dans l'oreille.

*

Contrairement à la légende, Lucrèce Borgia n'empoisonna jamais personne, hormis peut-être ses invités lorsqu'elle leur récitait des poèmes.

*

Le premier mari de Lucrèce Borgia était excitant comme une portion de blanquette froide.

*

Henri IV se laissait gentiment butiner le macaroni par Françoise de Montmorency, dont le réchaud fumait en permanence.

*

Les pages d'Henri III se tournaient facilement.

*

Sully réussit à faire payer un impôt à l'Église, ce qui tenait du miracle. L'Église n'aimait pas vraiment ce genre de miracle.

*

Afin de leur épargner les fades étreintes des mères de famille qui les attendaient très probablement dans leur quotidienneté amoureuse, Messaline faisait supprimer ses amants. Pour leur bien.

*

Messaline, qui sentait le muguet tropical et était roulée comme une gitane maïs, était connue pour son hibiscus en éruption.

*

L'empereur Claude, aussi gras et couillu qu'un chapon, plus déplumé qu'un cou de vautour, épileptique et baveux comme une omelette, était aussi appétissant qu'une limace dans une salade de haricots verts.

*

Le superbe petit cul de Messaline, si bien pommé, donnait à celui qui avait la chance de le caresser l'impression de faire le tour du monde en dégustant une glace à la vanille.

*

Après l'assassinat de son neveu Caligula, des prétoriens découvrirent Claude, tremblant comme un bol de gélatine sur un marteau piqueur.

*

Le frangin d'Isabeau de Bavière, un ramier de première. Pas gêné du tout le mec de toucher les Assedic, tout en becquetant du caviar à la louche. (L'absence de cuiller ne le gênait pas du tout. Il avait su rester simple.)

*

Les pachydermes d'Hannibal, après deux semaines de traversée, arrivèrent de l'autre côté des Alpes, aussi frais qu'une zigounette de communiant dans les coulisses du Crazy Horse !

*

Le drame de cette pauvre du Barry, c'est qu'elle aimait tous les hommes. Principalement les vieux qui travaillaient dans la finance. On n'a jamais exactement compris pourquoi.

*

Timide et gauche, Louis XVI était très peu porté sur le tagada. En fait, les seuls trous qui lui faisaient de l'effet étaient les trous de serrure.

*

Les druides fondèrent la tribu des Arvernes. Leurs descendants sont tous patrons de brasserie aujourd'hui à Paris.

*

Louis XV adorait le café. Le café et les femmes, puisque ce sont les femmes qui lui faisaient le café.

Je suis venu, j'ai vu, j'ai vécu...

Un jeune con est assurément plus redoutable qu'un vieux : il a tout l'avenir devant lui !

*

Un intellectuel est un type qui est rassuré quand il n'est pas compris.

*

Trouvez-moi un seul curé pressé d'aller au paradis !

*

On n'a plus grand-chose à dire quand on a trouvé à qui parler.

*

Il y a un type qui m'a écrit : « Il paraît que vous avez gagné plus d'un milliard avec votre *Zizi*, j'aimerais savoir comment vous faites parce que le mien me coûte une fortune ! »

*

Je n'affectionne que les bons auteurs et les bons cochons. Pour les bons cochons, on en trouve encore.

*

L'impunité, c'est pas désagréable...

*

Ce hall de gare pavoisé
De solitude à plein tarif
Et de marques d'apéritifs
Et de bonheur synthétisé
Je m'en suis désapprivoisé.

*

Il est à noter que ce sont généralement les types qui disent « Laissez-moi rire » qui ne se marrent jamais.

*

Je fumerai plus c'est la dernière, je vous le jure sur la tête de mon percepteur.

*

Il faut être très sérieux quand on veut être très marrant.

*

La vie n'est qu'une longue suite de répétitions de la *Marche Funèbre.*

*

Et les Américains, si on les avait pas découverts, ils seraient où aujourd'hui ?

*

J'ai les yeux trop ouverts, comment être optimiste ?

*

J'adore Paris parce que je n'y vis pas.

*

Mon amoralité, c'est de la moralité à rebours.

*

J'utilise les mots dont j'ai besoin, et quand je ne les trouve pas, je les invente.

*

Je chante à guichets fermés, mais la bouche ouverte !

*

Je suis un morpion de l'inspiration.

*

Je chante toujours dans un éclat de rire, avec un petit sanglot dans la gorge.

*

Je suis capable de me laisser emmerder toute une journée par un emmerdeur : je serais trop malheureux de lui faire de la peine.

*

Mon drame, c'est que je n'ai plus le loisir d'insulter personne. Quand un automobiliste furieux me reconnaît, il me sourit tout de suite !

*

Sais-tu qu'un arc-en-ciel si beau soit-il qui dure
Au-delà d'un quart d'heure on ne le regarde plus.

*

Quand j'entends le mot culture, je relève mes jupes et je pars en courant.

*

J'ai si fort envie de te séduire
Par quelques vers qui te chavirent
Et j'pense en chialant comme un veau
Quel salaud ce Victor Hugo.

*

J'aime toutes les femmes, mais si j'avais vraiment fait tout ce que je raconte dans mes chansons, je serais sans doute bien plus fatigué aujourd'hui.

*

On m'a invité à chanter *Le Zizi* à l'Opéra Garnier. Quand on sait que le répertoire en vigueur dans la maison c'est plutôt *Casse-Noisette*, je me dis que finalement je suis resté dans le ton, non ?

*

Je suis passé à travers toutes les modes parce que je n'ai jamais été à la mode.

*

Pour bien cuisiner il faut
de bons ingrédients
un palais, du cœur et des amis.

*

Les bons plats d'un dîner doivent en cela ressembler aux amis. Peu mais bons.

*

Dans un bon plat, le sourire est la meilleure épice.

*

Les pommes gâtées que je cueille dans mon jardin n'ont pas été traitées dix-sept fois comme les belles rouges luisantes qu'on achète chez l'épicemar. Mais je me dis bêtement que si un ver les a trouvées bonnes, il n'y a aucune raison de ne pas lui faire confiance.

*

Je connais une bonne mère de famille qui mitonne tous les soirs à ses deux lardons des tranches de jambon qu'elle extirpe d'une enveloppe de plastique dégoulinante auxquelles elle ajoute de la purée en poudre gonflée dans l'eau chaude. Pas rancuniers, les gamins : ils continuent d'aimer leur mère !

*

Les fast-foods, c'est bon pour les chats, et encore, les chats que j'aime bien ne méritent pas ça !

*

Un homme averti en vaut deux qui vont chez McDonald's.

*

Si le bon Dieu nous a donné
Dans sa largesse un trou sous le nez
Pour baiser nos maîtresses
Pour compléter son souhait divin
Il voulut qu'on y verse
De temps en temps un verre de vin.

*

La chanson n'est pas une fille indigne de la littérature. On dit souvent plus dans une chanson de trois minutes que dans un roman de cinq cents pages.

*

Quand on passe l'éponge, on n'éponge pas la mémoire.

*

Si ce con se sent à l'aise
C'est qu'il sait très bien au fond
Qu's'il est con comme un pot de fraise
C'est pas marqué sur son front.

*

On est toujours le con de quelqu'un.

*

A choisir, vaut mieux avoir le sang fluide que les idées claires.

*

La France est prospère grâce à Lourdes et Pigalle.

*

C'est pourtant pas les mêmes clients du tout. Encore que...

*

Il est très dur de demander son chemin à quelqu'un qui a une haleine à faire pâlir un cure-dents.

*

L'argent est fait pour être dépensé sans compter... sur les autres !

*

Un musicien qui joue « bien », un écrivain qui écrit « bien », un peintre qui peint « bien », sont faits pour enseigner, rarement pour être des artistes.
La France sans Paris, c'est comme un gigot sans moutarde.

*

A partir du moment où on trouve Michael Jackson beau, il est quasiment impossible de définir un affreux.

*

Le mot discipline m'est aussi pénible à entendre qu'à lire et à écrire.

*

Les guerres, comme disait le bouc en regardant les chèvres : « Quand on en a vu une... »

*

N'écoute pas les fous qui nous ont dit
La liberté est au bout du fusil
Ceux qui ont cru ces bêtises sont morts depuis longtemps
Les marchands d'armes ont tous de beaux enfants.

*

Quand je vois un pacifiste
Qui étrangle un non-violent
Je doute pas que Dieu existe
Mais il a trop de clients.

*

Le patriotisme a au moins ceci de bien : le héros ne sait jamais qu'il est mort pour rien.

*

On n'a jamais raison contre un soldat.

*

Celui qui parle constamment des cons d'un petit air condescendant, ne fait-il pas aussi un peu partie de la famille ?

*

J'aime pas les jours de gloire
J'aime pas les honneurs
J'aime pas les échanges
Une jambe contre une croix.

*

Con comme un militaire de carrière ? C'est une belle définition de la connerie.

*

Les adultes ont confondu la vérité et l'intérêt.

*

Voir il faut voir sais-tu voir
Les dents blanches des présidents
Leur sourire à cran d'arrêt
Quand ils se partagent le monde.

*

Les lièvres et les bécasses: ces animaux qui ont tous la peur dans le regard, qu'on appelle bêtes parce qu'ils ne savent pas lire un permis de chasse.

*

Les bonnes années je dis que c'est moyen
Quand c'est moyen je dis que c'est mauvais
Pour un paysan la modestie
C'est de faire croire étant gros que c'est un petit.

*

Oui, j'ai toujours eu bon dos, je suis l'enclume et pas le marteau.

*

Le soleil est un jaune d'œuf dans l'air bleu et dessous pas grand-chose de neuf ou si peu...

*

Je suis contre toutes les religions qui riment avec exploitation, manipulation, piège à cons. Rien à voir avec la foi.

*

Savoir être jeune est un art qu'on apprend toujours trop tard.

*

Des gens poilants comme ma maman, on en rencontre aussi souvent qu'un Écossais donneur de sang.

*

Il était bourré aux as, mais comme tous les mecs bourrés, il les lâchait pas facilement. C'est pour ça qu'ils sont bourrés aux as, d'ailleurs.

*

J'ai acheté un appareil photo. Le vendeur m'a dit de prendre un curé sur la neige pour voir ce que donne le noir et blanc.

*

Moi je m'éveille je lave mes oreilles
Dès qu'il y a plus d'obstruction
J'écoute les informations.

*

La réforme de l'orthographe contrarie les paléographes depuis qu'un *l* vient d'être ôté à imbécillité.

*

Les artisans, les paysans, tous ces gens simples ont un mal fou à se rendre compte des perpétuels besoins d'argent des riches. Ils ne connaissent pas leur chance ! Se rendent-ils compte de tout le carbure que nécessite l'entretien des châteaux, la chasse, les clebs, le personnel qui coûte les yeux de la tête, les fêtes, les festins et les bijoux ?

*

On manque de sous pour la recherche contre le cancer. Heureusement qu'on en a pour les centrales nucléaires.

*

Je m'efface quand je trouve plus con que moi !

*

On peut être riche traité de pauvre con, sortir de son bain et être un sale con.

*

Qu'un jour nos académiciens boivent quelques gouttes de vin, ils auront le courage de définir ce mot abscons qui est tout à l'heure image il rime avec le frais Mâcon.

*

Je peux pas dire que je raffole des huîtres cuites au lait : j'ai l'impression de sucer les yeux bleus d'un noyé.

*

Si jeunesse savait, si vieillesse pouvait... et si mon percepteur n'était pas si con !

*

Être heureux, c'est un travail à plein temps.

BIOGRAPHIE

Pierre Perret est né le 9 juillet 1934 à Castelsarrasin, dans le Tarn-et-Garonne. Il passe la majeure partie de son enfance au *Café du pont*, que tiennent ses parents, au bord du canal. Les clients sont des mariniers, des ouvriers de l'usine des métaux, des soldats de la caserne.

Autant de clients, venus des quatre coins de France, qui s'expriment dans un langage coloré. Pierre PERRET, lui, observe, écoute et... retient. À 12 ans, il est souvent le partenaire au billard vert, ou le serveur de pastis pendant les tournois de belote.

Son pensum journalier à l'époque: les leçons de solfège quotidiennes, et les cours hebdomadaires de saxophone chez un vieux professeur de musique. À 14 ans, son certificat d'études.

Entrée, trois mois plus tard, au Conservatoire de Toulouse. Il étudie dès lors à plein temps le solfège, le saxophone, la déclamation dramatique, la diction. Il en sort à 19 ans avec un premier prix de saxophone, et un accessit de comédie. A l'âge de 18 ans, il a rencontré Georges Brassens aux *Trois Baudets*. Ils deviendront amis.

Durant ses études au Conservatoire, il fait la connaissance d'un vieux libraire toulousain, Monsieur Labadie, qui lui apprend à « lire » : Hugo, Balzac, Beaumarchais, Molière, les *Maximes* de la Rochefoucauld et... Paul Léautaud.

Il a la chance, dans le même temps, d'être engagé au *Grenier de Toulouse*, où il sera confronté pour la première fois à un public de théâtre. Il joue dans « La Mégère apprivoisée », « Roméo et Juliette ».

A 19 ans, il « monte » à Paris pour y effectuer son service militaire mais surtout pour y retrouver Georges Brassens et y faire sa première visite à Paul Léautaud. Ce dernier (miracle !) le reçoit et lui ouvre sa bibliothèque. Diderot, Voltaire, Paul-Louis Courier, Ernest Renan, Anatole France, Stendhal, ou *Le Misanthrope* lui sont expliqués par l'ermite de Fontenay lui-même.

Il ne perdra jamais le contact avec Paul Léautaud, à qui il rendra visite le plus souvent possible, à Fontenay-aux-Roses, et cela jusqu'à la mort de l'écrivain, en 1956.

Période très constructive pour Pierre Perret. Son champ de découvertes s'agrandit. Après Lorca, Prévert et Rilke, il s'enthousiasme pour Rimbaud, Verlaine mais aussi François Villon, Agrippa d'Aubigné ou... Ronsard.

Lors de son service militaire, et entre deux prises d'armes, il compose sa première chanson, inconnue du public : *Rosette*. Il rencontre de plus en plus souvent Georges Brassens dont il admire les chansons. Il le suit et l'écoute presque tous les soirs dans les cabarets : *Le Vieux Colombier, La Villa d'Este, Les Trois Baudets*... Son attirance pour la chanson ne fera désormais que s'amplifier.

Revenu à la vie civile, il compose d'autres chansons et les propose à des interprètes connus : refus, premières déceptions. Il passe quelques rares auditions, dont l'une au théâtre des *Trois Baudets*. Georges Brassens lui a écrit une lettre de recommandation qu'il ne montrera d'ailleurs à Jacques Canetti qu'après avoir été félicité par ce dernier. Boris Vian l'encourage également à continuer. Il obtient un engagement à *La Colombe*. L'imprésario Émile Hebey, présent dans la salle le premier soir où il chante, devient son manager et lui fait enregistrer son premier disque. Première chanson mascotte : *Moi j'attends Adèle*. Prolifération des engagements dans les cabarets. Il est engagé par Lucien Morisse (patron d'Europe 1 qui deviendra son ami) pour ses premiers *Musicorama* à l'Olympia. Accueil très chaleureux du public. Il est le seul Français à « faire un tabac » dans un programme anglais comprenant les Rolling Stones.

Interruption de sa carrière suite à une maladie grave pendant deux ans. Il compose alors douze nouvelles chansons, et en 1960 attaque de nouveaux cabarets. Il rencontre Simone, bientôt surnommée Rebecca, la femme de sa vie, qui lui donnera trois enfants. Mais, professionnellement, il passe trois années difficiles en espérant le succès. Il vient finalement en 1963 avec *Le Tord-boyaux*. Le nom de Pierre Perret n'est plus tout à fait inconnu. Fréquentes programmations dans les radios, premières télévisions, galas, etc. Critiques de presse très controversées. Mais Pierre Perret fait confiance au public. Son secret : le travail. Suivent quelques chansons qui seront de petits succès, telles que *La Corrida, L'Idole des femmes*... jusqu'aux fameuses *Jolies colonies de vacances* !!!

Viendront ensuite *Tonton Cristobal, Cuisse de mouche, Les Postières, Blanche, Les Baisers* et beaucoup d'autres chansons à succès.

En 1969, Pierre Perret fait une escapade... cinématographique ! Il tourne son premier film, *Les Patates*, sous la direction de Claude Autant-Lara. Puis un western comique, *Le Juge* mis en scène par Jean Girault. Il compose lui-même la musique des deux films.

Guitare en bandoulière, il repart sur les routes distiller de nouveaux refrains que le public reprend aussitôt en chœur comme un seul homme. *Quand le soleil entre dans ma maison, Vive le quinze, Fillette le bonheur c'est toujours pour demain, La Porte de ta douche est restée entr'ouverte, Dépêche-toi mon amour* en 1972, *La Cage aux oiseaux, Olga, C'est au mois d'août* en 1973, *Le Plombier, C'est bon c'est bon* et ceci jusqu'au fameux *Zizi*, en 1974, qui pulvérise tous les records de vente en quelques mois !

Depuis, au fil des ans, se succèdent des chansons toujours rabelaisiennes qui deviennent elles aussi populaires appelées *Estelle, C'est l'printemps, Y a pas d'malaise* etc. et les toujours tendres, *Lily, Mon p'tit loup, Celui d'Alice, Amour, liberté, vérité, Je suis le vent, Un p'tit clébard, La Télé en panne, Y a cinquante gosses dans l'escalier, L'Hôpital, Femme seule, Elle attend son petit*, etc.

Il a toujours célébré la Femme dans ses chansons. Depuis *Moi, j'attends Adèle* en passant par *Mimi la douce* et *Lily*, se sont succédés plus d'une centaine de titres qui ne sont autres que des prénoms de représentantes du beau sexe : *Irène, La Veuve, Anna, Laetitia,* l'héroïne du *Riz pilé* ou la *Fille aux petits frissons*, ne seraient-elles pas, après tout, que les pièces d'un puzzle qui une fois assemblées n'auraient plus qu'un seul nom : Rebecca ?

De 1981 à 1992, trois albums auront vu le jour. Son inspiration toujours très éclectique lui fera écrire *Feuille blanche* ou *Papyvole, Voir, La veuve, Nos amis les bêtes, Riz pilé, Pas de chanson aujourd'hui* ou encore *Ce soir c'est fête*. Un compact disque édité en 1992 est fort bien accueilli, lui aussi, par les radios et le public, il contient douze titres aussi divers que *Bercy Madeleine, La petite Kurde, Rebecca, Le Trophée, L'amour avec les yeux* ou *Le con de quelqu'un*, de véritables « joyaux » dixit la critique.

Pierre Perret, écrivain, publie de son côté *Adieu monsieur Léautaud* (1972 Éditions J.-C. Lattès), le populaire et truculent *Le petit Perret illustré par l'exemple,* qui fait la joie des petits et des grands amateurs d'humour ; on ne peut oublier la sortie en 1987 du best-seller *Le petit Perret gourmand* et celle en 1989 de *Laissez chanter le Petit* où il raconte ses débuts et sa carrière.

A la demande de Michel Rocard, alors Premier ministre, qui a tenu à lui remettre lui-même la Légion d'Honneur, il est entré au « Conseil Supérieur de la Langue française » et a participé à cette fameuse réforme de l'orthographe (à laquelle il a consacré une chanson) très controversée.

Son ami Georges Lacroix, l'un des dirigeants de l'atelier « Fantôme » (qui fabrique sur ordinateur de superbes dessins animés en 3D), lui a demandé de « récrire » en langage coloré, cinquante des plus fameuses fables de Monsieur Jean de la Fontaine. Énorme succès sur les télés françaises. Plus de dix pays aujourd'hui en ont acquis les droits.

Le *Perret illustré par l'exemple,* remis à jour en 1991, est aujourd'hui un best-seller. Les Éditions Plon ont publié depuis l'intégrale des textes de ses chansons, *Chansons de toute une vie* (1993), *Jurons, gros mots et autres noms d'oiseaux* (1994) et une *Anthologie de la poésie érotique* est parue chez Nil Éditions – 1995. Il a publié tout récemment *La cuisine de ma femme* (octobre 1996) qui obtient (encore !) un beau succès auprès des gourmets.

Une « Intégrale » de ses chansons a été publiée en 9 CD en 1995 (une plus complète sortira en 1998).

Trois écoles publiques maternelles portent aujourd'hui le nom de Pierre Perret : à Valence d'Agen, à Rives ainsi qu'à La Ménitrée.

Des chansons telles que *Mon P'tit Loup*, *La Cage aux Oiseaux* ou *Lily* font également partie des programmes scolaires dans de nombreuses écoles publiques.

Pour allonger la liste de tous ces honneurs inattendus, il se voit décerner le Grand Prix de la Sacem 1996.

Son dernier récital au Casino de Paris (novembre 1996) n'a fait que confirmer l'énorme succès de son CD : « Chansons Eroticocoquines » qui lui a déjà valu trois disques d'or au cours de l'année 1996.

Un gros ouvrage sur la langue française est en préparation depuis plusieurs années ainsi que de nouvelles chansons.

C'est à Nangis, dans sa maison, qu'il vit près de sa femme Rebecca. Il adore faire la cuisine. Il a un penchant très net pour la gastronomie de « bonne femme » et apporte des soins religieux aux bouteilles millésimées de sa cave et à la confection de petits plats réservés à la famille et aux amis.

Les heureux moments qu'il savoure à l'avance : partir en voyage avec les siens, préparer ses cannes pour aller pêcher le saumon et courir les bois pour y cueillir les champignons. Il s'occupe aussi de ses animaux et notamment de ses chiens avec lesquels il fait de longues randonnées dans la campagne environnante.

Il affectionne particulièrement les meubles anciens, la peinture, les objets insolites ramenés des nombreux voyages à l'étranger, les machines à sous, les vieilles machines à coudre, les journaux anciens, les manuscrits d'auteurs qui lui sont chers, etc.

Sa recette de réussite : 99 % de travail, additionné au dernier pour cent... de talent !

DISCOGRAPHIE

BARCLAY (1957-1962)

1962. PIERRE PERRET. Moi j'attends Adèle – Si je t'envoie des fraises – Ma gosse – Louise – Don Quichotte et Sancho Pança – Ma compagne – La Julie à Charlie – Onésime – Le sex-appeal d'Émile – Sales puces à chien – Quand il l'a connue – La fée – Le moulin à café – Dans mes bras – Qu'elle était jolie qu'elle était belle / La Bérésina – La gamme – Le bonheur conjugal – Le poulet – Joséphine – Lisette – Ça va bien ça va mal – C'était pas de sa faute – Si j'étais veuf – Le prince passe – La chanson du Malin – Marie et moi – C'est mon cœur – Je suis zou zou zou. *(Double album 30 cm 96 085/86).*

NB. Ce double album constitue l'intégrale de ses titres enregistrés chez Barclay entre 57 et 62 sous la forme de quatre 45t (57 à 59) et d'un 33t 25 cm (1960) originaux, et d'un 33t 30 cm (1962) de compilation comprenant trois inédits.

VOGUE (1963-1969)

1964. LE TORD-BOYAUX. Le Tord-Boyaux – Mon père ce satyre – Les Auverploums – L'idole des femmes – Bri-Bri – Vous dont je suis fou – La famille sauf moi – Les filles ça me tuera – Noël avant terme – La tigresse – Trop contente – Marina. *(30 cm 641.)*

NB. Le premier disque enregistré chez Vogue, en 1963, est un 45t comprenant les quatre titres suivants : Le Tord-Boyaux – L'idole des femmes – Les filles ça me tuera – Marina.

1965. PIERRE PERRET. Mon petit amour – Toutes comme ça – S'il vous plaît merci encore – L'amour et la tendresse – Moi, je sais ça – Pépé la Jactance – La corrida – La petite – Quatorze ans – Je ne sais plus sur quel pied danser – Le plus mauvais d'entre vous – J'peux pas. *(30 cm 696.)*

1966. LE MONDE DE PIERRE PERRET. Elle m'a dit non – Gourance – Trop contente – La princesse aux pieds nus – Les coups de foudre – La corrida – Le service militaire – Des poux et des sous – Blanche – Noël avant terme – Pépé la Jactance – Les jolies colonies de vacances. *(30 cm CLD 705.)*

1967. LES DEUX VISAGES DE PIERRE PERRET. Les postières – La rue Perce-Oreille – La bibise d'accord – Quand je suis malheureux – Marie trompe-la-mort – L'homme facile – Tonton Cristobal – Leila – Marcel – Belle rose – Les seins. *(30 cm CLD 718.)*

1968. À L'OLYMPIA. Trop contente – La Bérésina – La corrida – Ghislaine de la Bourboule – Elle m'a dit rendez-vous à 5 heures – Tonton Cristobal – Elle cherche des puces à son chat – Cuisse de Mouche – Non j'irai pas chez ma tante – Blanche – Les seins – Les baisers. *(30 cm CLD 724.)*

NB. La plupart de ces enregistrements ont été réédités depuis en CD, sous forme de compilations diverses : *L'Humour et la tendresse*, 1988, 20 titres (670 060), *Grands succès*, 1991, 36 titres, coffret 2 CD (660 535), *Plein succès*, 1992, 18 titres (670 610), ou *Les Plus Grands Succès*, 1994, 20 titres (39 282).

ADÈLE (depuis 1970)

1970. CUVÉE 71. Les proverbes – Djamilla, la fille du pacha – Fillette le bonheur c'est toujours pour demain – Mon épouse elle est jalouse – La porte de ta douche est restée entr'ouverte – Vive le quinze – Mon père m'a dit – La buiguine maline – Pour les beaux yeux de Sylvie – Qu'est-ce qu'elle est belle – Quand le soleil entre dans ma maison – Les voyages organisés. *(33t 30 cm AD 39 501.)*

1972. PIERRE PERRET. Le cul de Lucette – Ma femme – Le représentant en confitures – Jeanine – Le gros béguin – La Grande Ourse – Plein la poire – Le temps des puces – Faut pas pousser grand-mère dans le concasseur – La cage aux oiseaux – Olga – Dépêche-toi mon amour. *(30 cm AD 39 502.)*

1973. PIERRE PERRET. Mon Pierrot – Le lit – Le plombier – Mère Noël – Suzanne – C'est au mois d'août – C'est bon, c'est bon – Le cœur dans mon béret – Fleur de petit pois – Mad'moiselle Rosélina – Lolita – Phyllis. *(33 tours 30 cm AD 39 503.)*

1973. EN PUBLIC (C'est bon pour la santé). Dépêche-toi mon amour – Qu'est-ce qu'elle est belle – Quand le soleil entre dans ma maison – A poil – Le représentant en confitures – Vive le quinze – Electra – Olga – Le cœur dans mon béret – C'est bon pour la santé / Mon Pierrot – Fillette le bonheur c'est toujours pour demain – C'est bon, c'est bon – Ma femme – Le cul de

Lucette – C'est au mois d'août – Jeanine – Le plombier – La cage aux oiseaux. *(Double 30 cm AD 39 504 A/B).*

1974. LE ZIZI. Les majorettes – Ma p'tite Julia – L'infidèle – Ne partez pas en vacances – Marie – Ay ! si tu m'avais vu señor – Donnez-nous des jardins – Emilia – A poil – Ça y est les mecs – Le zizi. *(30 cm AD 39 506).*

1976. PAPA, MAMAN. Papa, maman – Ma nouvelle adresse – Et vous ? – Celui d'Alice – J'ai dîné à London – Samedi chez l'amiral – Je suis de Castelsarrasin – Françouèse – La sieste – J'ai faim. *(30 cm AD 39 518.)*

1977. PIERRE PERRET. Les enfants, foutez-leur la paix – Lily – Vingt-six ans à nous deux – Au café du canal – Le petit potier – L'oiseau dans l'allée – Adam et Ève – L'amour sans amour – Le bouillon de canard – Quand l'amour vous fait signe. *(30 cm AD 39 522).*

1979. PIERRE PERRET. Ça la fait marrer – Mon p'tit loup – Docteur – Le monde change – Napo Napiteau – Estelle – L'hôpital – Les ours heureux – Ça va te faire du bien – A cause du gosse. *(30 cm AD 39 524).*

1979. BOBINO 79. Ça la fait marrer – Fillette le bonheur c'est toujours pour demain – A cause du gosse – Le monde change – Ma nouvelle adresse – Olga – Celui d'Alice – Donnez-nous des jardins – Vaisselle cassée – Ma p'tite Julia / Au café du canal – Estelle – Mon p'tit loup – L'oiseau dans l'allée – Le plombier – Lily – Le cul de Lucette – La cage aux oiseaux – Le zizi. *(Double album 30 cm AD 39 257.)*

1981. C'EST L'PRINTEMPS! C'est l'printemps ! – Femmes seules – Quoi de plus sympa qu'un œuf ! – Elle attend son petit – Perrette, la môme Lolo – Amour, liberté, vérité – Le phallo – Angine de poitrine – Le vrai bonheur – Y a cinquante gosses dans l'escalier. *(30 cm AD 39 532.)*

1983. PIERRE PERRET. Comment c'est la Chine ? – Je suis le vent – Avant on s'écrivait – La télé en panne – C'est pas la vie que j'avais rêvée... – Y a pas d'malaise – Un p'tit clébard – C'était elle que j'attendais – Salut ami d'Aubervilliers ! – Y a rien de plus beau... *(30 cm AD 39 533.)*

1984. BOBINO 84. (25 ans de chanson). Moi j'attends Adèle – Tonton Cristobal – Ma p'tite Julia – Le Tord-Boyaux – Jeanine – Cuisse de Mouche – Amour, liberté, vérité – Les baisers – Y a cinquante gosses dans l'escalier – Olga – La télé en panne / Comment c'est la Chine ? – Marcel – La porte de ta douche est restée entr'ouverte – Lily – La cage aux oiseaux – Le zizi – Blanche – Le cul de Lucette – C'est l'printemps ! – Les jolies colonies de vacances. *(Double album 30 cm AD 39 535.)*

1986. IRÈNE. Irène – Feuille blanche – Lire – Le tombeur – Tous les enfants sont mes enfants – Papyvole – Voir-Bernard Pivot – C'est ainsi qu'on vit à Paris – La veuve. *(30 cm AD 39 536, réédité en CD).*

1987. PIERROT À L'OLYMPIA. Irène – Femme – Papyvole – Feuille blanche – Celui d'Alice – Bernard Pivot – Laetitia – Les baisers – Mon p'tit loup – La télé en panne – Quelle époque on vit ! / Anna – Le centenaire – La veuve – Lily – La cage aux oiseaux – Nos amies les bêtes – Fillette le bonheur c'est toujours pour demain – Le zizi – Voir – Les jolies colonies de vacances. *(Double album 30 cm AD 39 540, réédité en CD).*

1989. CE SOIR C'EST FÊTE. Ce soir c'est fête ! – Cœur cabossé – Bahia – Le vin – Félicité – La Révolution – Le gros paysan – Pas de chanson aujourd'hui – Pépita – Les serments de quat'sous – Riz pilé – La veuve. *(30 cm AD 39 542, réédité en CD.)*

1992. BERCY MADELEINE. Bercy Madeleine – La petite Kurde – Ils s'aimaient – Paméla – Le trophée

– Rebecca – Ah ! l'amour l'amour – La réforme de l'orthographe – La rupture – On est toujours le con de quelqu'un – L'amour avec les yeux – Le métro. *(CD Adèle/Carrère 77 460.)*

1994. RÉCITAL DU CASINO DE PARIS. Ce soir c'est fête ! – L'amour avec les yeux – Cuisse de Mouche – C'est l'printemps ! – Lily – Bercy Madeleine – Riz pilé – Le trophée – Les baisers – Jeanine – Estelle – Rebecca-Ma nouvelle adresse – Le Tord-Boyaux – Paméla – Mon p'tit loup – Le métro – Nos amies les bêtes – Blanche – Le zizi – La petite Kurde – La cage aux oiseaux – Les jolies colonies de vacances. *(Double CD Adèle. Une Musique/Carrère 50 494.)*

1995. VERSION PIERROT (Pierre Perret chante 20 fables inspirées de Jean de La Fontaine). La cigale et la fourmi – Le loup et l'agneau – Le paon – Le corbeau et le renard – Le chêne et le roseau – Le conseil tenu par les rats – Le renard et les raisins – Le laboureur et ses enfants – Le lièvre et la tortue – Le savetier et le financier – Le pot de terre et le pot de fer – Perrette et le pot au lait – La colombe et la fourmi – Le meunier, son fils et l'âne – Le héron – Le renard et la cigogne – La grenouille qui se veut faire aussi grosse que le bœuf – Le lion et le rat – Le rat de ville et le rat des champs – Le loup et la cigogne. *(CD Adèle, Une Musique/Carrère Music 50 530.)* Chansons éroticocoquines.

1996. ANTHOLOGIE DES CHANSONS ÉROTIQUES. *(CD Adèle, Une Musique/ Carrère Music.)*

TABLE

L'HUMOUR
AU CHERCHE MIDI ÉDITEUR

COLLECTION
« LE SENS DE L'HUMOUR »

TRISTAN BERNARD
Dictionnaire humoristique
de A à Z

PHILIPPE BOUVARD
Riez, avec les Grosses Têtes

20 ans de Grosses Têtes,
Rires, sourires et délires

LAURENCE COCHET
Y a-t-il de la place pour deux
dans un couple ?

PIERRE DAC
Les Petites Annonces
de l'Os à moelle

Essais, maximes et conférences

JAMES DARWEN
Le Meilleur de l'humour
anglo-américain

PIERRE DRACHLINE
Dictionnaire humoristique
des surréalistes
et des dadaïstes

PATRICK FONT
La vérité est bonne a dire
quand elle a cessé d'être vraie

Y en a un peu plus,
j'vous l'mets quand même ?

PHILIPPE HÉRACLÈS
Le Grand Livre de l'humour noir
Illustrations de Kerleroux

MICHEL LEEB
Je ris de me voir
si Leeb en ce miroir

OLIVIER DE KERSAUSON
T'as pas honte ?
illustré par Wolinski
Macho mais accro
illustré par Wolinski

INGRID NAOUR
et MAURICE RAJSFUS
L'humour des Français
sous l'Occupation

LUIS REGO
C'est à ceux qu'on aime
qu'on ment le plus

JEAN RIVOIRE
Vacheries
Dictionnaire des insolences

PHILIPPE VAL
Allez-y, vous n'en reviendrez pas

Allez-y, vous n'en reviendrez pas,
la suite

WOLINSKI
La Morale

« LA BIBLIOTHÈQUE
DU DESSINATEUR »

Petite Encyclopédie
du dessin drôle en France
Préface de François Caradec

BOSC

Dessins inédits

Préface de Wolinski

CABU

Les nouveaux beaufs sont arrivés

Préface de Cavanna

Grossesse nerveuse

Préface de Philippe Val

CHAVAL

Faites des économies

Les cent meilleurs dessins

Chaval inconnu

GÉBÉ

Anarchie douce

Dessins et textes

Un dimanche au frais

JEAN GOURMELIN

Instants d'espace

A la Mémoire de l'humanité

JEAN HIN

Ti Mimite le petit chat

MOSE

Mose à la mer

Le golf de Mose

PIEM

Les mordus du tennis

Les mordus de l'automobile

Les mordus du ski

Les mordus du foot

Petits-enfants, grands-parents mode d'emploi

Enfants, parents mode d'emploi

Bonne santé mode d'emploi

Au revoir et encore merci

Dieu et vous

SINÉ

Siné dans Charlie Hebdo

Siné dans Hara-Kiri Hebdo

Siné sème sa zone

Les Chats de Siné

TREZ

Les Idées Trez noires

(Prix de l'Humour noir)

COLLECTION « IMAGES DE LA CARICATURE ÉPINAL »

KERLEROUX

L'homme qui a vu l'homme

TETSU

La vie à deux

Imprimé en France par la Société Nouvelle Firmin-Didot
Dépôt légal : avril 1997
N° d'édition : 463 – N° d'impression : 38338
ISBN 2 86274-463 8